教练式沟通

直达人心的销售口才技巧

黄利君◎著

中国纺织出版社有限公司 | 国家一级出版社
全国百佳图书出版单位

内 容 提 要

一个善于运用教练技术的销售员，能够及时抓住问题的突破口，解决在销售过程中遇到的困境和障碍，迅速打开局面，其效率要比普通的销售员高几倍。本书立足于销售员常见的沟通问题，结合教练技术，提供了7种高效的销售语言模式以及快速达成交易的5大步骤，有效帮助销售员快速提高沟通技巧，实现成交。

图书在版编目（CIP）数据

教练式沟通：直达人心的销售口才技巧/黄利君著.
—北京：中国纺织出版社有限公司，2019.10
ISBN 978-7-5180-6662-9

Ⅰ.①教… Ⅱ.①黄… Ⅲ.①销售—口才学 Ⅳ.
①F713.3 ②H019

中国版本图书馆CIP数据核字（2019）第192581号

策划编辑：陈　芳　　责任校对：王蕙莹　　责任印制：储志伟

中国纺织出版社有限公司出版发行
地址：北京市朝阳区百子湾东里A407号楼　邮政编码：100124
销售电话：010—67004422　传真：010—87155801
http：//www.c-textilep.com
E-mail：faxing@c-textilep.com
中国纺织出版社天猫旗舰店
官方微博 http://weibo.com/2119887771
三河市宏盛印务有限公司印刷　各地新华书店经销
2019年10月第1版第1次印刷
开本：710×1000　1/16　印张：13
字数：170千字　定价：42.00元

前言

南非前总统尼尔森·曼德拉说："当你和一个人交流时，如果你用了他熟悉的语言，那么他就会记住你；如果你用了专属于他自己的方式，那么他就会把你记在心里。"意思就是说，如果你在和别人交流的时候，能够按照对方熟悉的语言模式，那么你的话语很容易直达他的内心，产生效果。

在一般的销售活动中，普通销售员不注重销售口才技巧的使用，销售员往往自说自话、一味地向客户销售，也不注重与客户建立亲和、信任的关系，最终销售效果往往不尽如人意。

而教练式销售员十分注重沟通的力量，他会与客户构建双向的深度沟通，真实地了解客户的需求和意图，真心实意地去解决客户的问题，从而实现成交。一个善于运用教练技术的销售员，能够及时抓住问题的突破口，解决在销售过程中遇到的困境和障碍，迅速打开局面，其效率要比普通的销售员高几倍。

从结构来看，本书可以划分为三个部分。这三个部分既独立存在，又具有千丝万缕的联系，相互影响，相互依存，共同发挥作用。

第一部分：传统式销售员和教练式销售员的区别。

这部分用了一章节的内容，从6个方面对传统式销售员和教练式销售员之间的不同做了对比，一方面指出了传统式销售员在向客户销售时的缺陷，让销售员们规避这方面问题；另一方面又根据教练式销售员的特点，给销售员们指出了努力的方向。通过两者对比，形成了不同结果，也让销售员们意识到了教练式销售的重要性和必要性。

第二部分：教练式销售使用的方法技巧。

教练式销售员会使用不同的口才技巧、语言模式。这部分讲到了教练式销售员会积极使用各种高效的方法技巧来帮助自己提升销售效率。其中包括检定语言模式、暗示语言模式、语言破框法、语言换框法、五步脱困法、心锚建立法、米尔顿语言模式等 7 种语言模式。这 7 种语言模式可在销售员遇到销售困境和难题时，强有力地帮助销售员脱离出来。同时，书中还介绍很多成交法则，其中包括“YES”成交法，即让客户在肯定惯性中成交；弗兰克林成交法，即让客户看清利弊；从众成交法，即借助客户的攀比之心；惜失成交法，即激发客户失去的痛苦；步步紧逼成交法，即帮助客户坚定决心。

第三部分，教练式销售重要的三点：倾听、提问、承诺。

教练式销售的核心是信任。教练式销售员十分注重与客户建立信任的关系，创造和谐轻松的氛围，将客户带入信任空间。在建立信任关系的过程中，销售员需要做好倾听、提问、承诺的工作。首先，销售员要深度聆听，站在客户的角度思考问题，尊重客户的需求，听出客户没有说出的内容；其次，销售员还需要做好提问工作，通过提问来获取客户真正的需求；最后，销售员在面对客户抗拒时，要作出承诺，真实地从客户的需求和利益出发，消除客户的抗拒和戒备心。

以上三部分每一部分都做了细致的描述，让销售员深刻全面地了解在销售时要做什么，如何做。同时该书不仅提到了许多教练技术和方法技巧，还介绍了大量的案例，有效地帮助销售员更好地理解其中的知识。在教练式销售中，沟通有着难以言喻的作用，直达人心的销售口才技巧更是在销售中取胜的秘密所在。

黄利君

2019 年 5 月

目录

第1章　教练式沟通VS传统销售沟通

第2章　销售就是要会做教练

第3章　教练式沟通：强有力的语言技巧

第4章　先跟后带：进入信任空间

第5章　深度倾听：听出对方没说什么

第8章 巧妙回应：得到成交承诺

第1章 教练式沟通VS传统销售沟通

教练式销售沟通和传统式销售沟通存在 6 大不同，致使销售结果也出现了重大区别。前者事半功倍，后者事倍功半。

1. 直达人心VS自说自话

有两个销售员。

销售员A在向客户推销产品："你听我说啊，这款产品很适合您的。您用过之后肯定好，这产品里面有珍贵的药材，而且还是从国外进口的……"客户说："噢，谢谢，我想先看一看。"销售员A接着说："这么好的产品您错过之后就没有了，怎么还需要考虑这么长时间呢，过了这村可没这店了啊……"客户终于不厌其烦，没好气地回了一句："那您就留着给别人吧。"

销售员B看到一位客户正在浏览一款老年产品，走过去问道："您是在给家里的长辈挑选礼物吗？"客户点点头："是的，我准备给我奶奶挑选一款助眠的枕头。"

销售员B接着问客户："老人是有点睡眠障碍吗？"客户说："我奶奶总是入睡很困难，而且睡眠很浅，轻微的响动都会吵醒她，所以我奶奶早上醒来的时候，精神状态都不太好。"

销售员B根据客户的描述，接着说："您过来看看这几款枕头。这些都是专为老年人精心设计的。一般来说，枕头过低容易造成供血不足，枕头过高会造成颈椎压力，最有助于睡眠的枕头高度为10~15厘米。这个高度对人体来说比较合适，对老人也比较好。"客户说："对，我奶奶睡觉的枕头我也看了一下，是比较低。"

销售员B点头称是："您再看一下这款枕头的硬度，这里面有荞麦皮和谷糠，还有一点薰衣草，这些都有助于睡眠。您摸摸看，硬度适中，不会软塌塌的，枕上去很有依靠感。"客户伸手摸了摸，发现确实很好，眼睛盯着枕头，明显被吸引过去了。

客户这时主动询问销售员B："这款枕头真的这么好吗？"销售员B面带真诚的微笑："如果说有神效，我也不敢保证，但绝对可以有效改善老人家的睡眠。"

客户点头表示赞同。销售员B接着跟客户介绍："关键是这款枕芯透气性、防潮性、吸湿性都比较好，能够去除老人家体内的寒气和湿气。"客户此时更认同销售员B的话语："是的，我奶奶住在里屋。虽然安静，但比外屋湿气大。这款枕头我想拿一个。"

销售员B说："我去里面给您拿一个包装好的，希望老人家用上这个枕头后能够改善睡眠。"客户笑着感谢："您真的像是这方面的专家，懂得真多啊！"销售员B回答说："您过奖了，因为我母亲睡眠也不太好，所以平时多关注了点这方面的信息。我母亲也在使用这款枕头，用上之后状况好了不少呢。"

销售员B使用的是教练式销售方法，销售过程直达人心，带着分享、真诚和支持性的态度与对方交流，并解决客户内心的需求和产品诉求，让对方能够强烈地感受到销售员真诚的帮助。相反，销售员A使用的是传统式销售方法。在与客户沟通时，常常自说自话，表现为说话人独自决定、不顾他人意见、自己说了算、自言自语，结果说得再多也是在做无用功。

这两个销售员的表达方式导致了两个截然不同的结果。直达人心的沟通方式远比自说自话型的沟通方式更能解决问题，前者把话说到客户的心坎上，自然就会实现成交。在现实销售中，销售员如何从自说自话转变为直达人心呢？

（1）“我就是来帮助您解决这个问题的……”

销售员在销售时，要抛弃传统型销售员自说自话的销售模式，避免使用“你听我说，这款产品真的很不错……”“这款产品非常适合您……”“这款产品优点太多了……”等强力推销方式，而要耐心倾听客户的诉求。当客户表达完他的诉求之后，销售员可以说“我就是来帮助您解决这个问题的……”帮客户解决问题和自顾自地向客户推销产品，前者更容易将话语说到客户的心里去。

（2）“听了您刚才的话，我特别理解您的感受，这里刚好……”

传统式销售员在向客户推销时，往往光顾着介绍产品的信息和优势，不顾客户的意见，自己说了算，更谈不上去理解客户的感受了。例如，销售员说“您怎么会这样想呢……”“我们的产品肯定不存在你刚才说的那种情况……”等。

而教练式销售员在与客户沟通的时候，更倾向于说“听了您刚才的话，我特别理解您的感受，这里刚好……”“如果我当时处在您的位置，我也觉得很气愤……”“我真的很能理解您的心情，您太通情达理了……”，说出让客户感同身受的话语，更容易让话语直达客户内心。

（3）“多个参考对象，方便您以后杀价也不错……”

当传统式销售员自说自话地向客户推销产品，客户明确表示不感兴趣或不想买的时候，销售员往往终止销售。但教练式销售员在面对客户决绝的时候，往往会说出“多个参考对象，方便您以后杀价也不错……”“多了解点信息，下次想要购买时也不至于一头雾水”等话语，将销售产品转变为告诉客户知识。客户想想也觉得没错，销售员的话语说到了客户心里，多了解一些信息也没有坏处。

2. 关系亲和VS关系疏离

销售员小王这个月又获得了“销售之星”的称号。不少客户都向销售员小王所在的公司反映，小王的销售态度非常好，给人的感觉也很真诚。即便客户有时会对小王或小王的产品发难，小王也没有表现出不耐烦的情绪，而是积极营造与客户间的友好关系，最终促成成交。为什么小王频频获得“销售之星”的称号？从客户的反映来看，小王很容易就能在销售中与客户建立亲和的关系。

销售是一个人与人沟通的职业，而良好的关系是沟通的润滑剂，能够起到改善双方关系的作用。在教练式销售中，销售员会转变传统销售沟通中双方关系疏离的状态，而让双方关系走向亲和。关系亲和能够有效地推动沟通，让客户有自然舒适之感，不会因为跟陌生人交流而心生腼应。在沟通的过程中，销售员大方得体的表现会让客户放下心理戒备，心生亲近。

但在传统型销售沟通中，销售员并不注意与客户建立亲和的关系，反而使关系变得冷淡疏离。例如，当客户多问两句或对价格有所微词时，销售员的态度就变得冷淡，甚至表现出不耐烦：“您爱买不买，不买就走，我这儿还要做其他生意呢”“我这儿就是这个价格，低不了的”。导致的结果是，即便客户有需求和购买的欲望也不愿意去购买此销售员的产品，对双方来说都是一个损失。

销售员和客户之间建立亲和的关系，是教练式销售沟通与传统式销售沟通的区别之二。亲和感是友好沟通和建立良好关系的先决条件，如果销售员和客户能够在亲和的关系中交流，往往取得事半功倍的效果。那么，销售员如何与客户建立亲和的关系，而避免关系疏离呢？具体来说，销售员可以依照以下方法：

（1）共同的信任

亲和关系的建立，需要双方建立共同的信任。一旦双方能互相信任，亲和的关系自然很容易建立起来。

首先，销售员在向客户销售时，无论最终能否成交，销售员都要保持真诚，合理地坚持自己的立场，艺术化地表现出坚定的态度，而不是生硬直接。真诚的态度最容易感染人，也最能让对方感受到你的真心。例如销售员说："我能帮助到您什么呢？"

其次，管理者还需要表现出专业。没有哪位客户愿意信任"满口跑火车"的销售员。销售员甚至要让自己想象成某个领域的专家，在面对客户的询问和质疑时，能及时地为对方答疑解惑。在回答的过程中，使用耐心、温和的语言，温暖的微笑，亲和关系自然就能建立。

最后，销售员不仅要会表达，还要会倾听。如果两个人交流，只有一方在喋喋不休，并不给另一方说话的机会，关系也不会达成亲和。共同信任的建立需要销售员保持真诚、保有专业能力，并学会倾听。

（2）情感共振

如果一个人不喜欢甚至排斥一个人，双方之间是很难建立起亲和关系的。销售员和客户建立亲和的关系，就需要让客户喜欢你、接受你。而人与人之间的相处，什么时候最会让对方喜欢与彼此的交流呢？就是双方具有共同点。共同话题越多，亲和力就越强烈。而共同话题的建立就需要情感共振。

首先，销售员需要学会"配合"客户，从客户的肢体语言、肢体动作、声音语调、表达习惯，甚至是呼吸频率，让客户感受到你的真诚与接纳，进而活跃双方间的交流氛围。亲和、信任的关系需要“响应”，没人会对时刻反对自己的人产生好感。例，销售员说：“我发现在这方面和您很像耶……”

其次，销售员需要做到情绪同步，走进客户的内心世界，而不是一味地从自己的角度看待问题。销售员需要体会到客户的情绪和立场，进而能以更平稳的心态去与客户交流，更多地站在客户的角度思考问题，如“我特别能理解您的感受和心情，您现在需要做什么呢……”“针对您的顾虑，我给您解释一下……”等，让客户体察到你是在乎他的感受，为他考虑问题的。

（3）适时地赞美

销售时给予赞美起着十分重要的作用。不仅能愉悦客户的心情，还能为双方建立亲和关系做出巨大的努力。销售员赞美客户，需要遵循以下几点。

首先，赞美要发自内心且真诚的，而不仅仅是为了取悦客户。这就要求销售员在赞美客户时，寻找到一个让赞美不显突兀和谄媚的点。例如，年轻客户在为家里的长辈挑选礼物时，销售员需要称赞道：“我见过很多人来买这款产品，像您这样年纪小的，我倒见得很少呢。”销售员并没有表面地赞美一句：“你可真孝顺啊”，更像是拉家常说了这么一句话。后者比前者自然亲和，更容易让对方接受你的赞美并为之信服。

其次，赞美需要恰当地引用第三方赞美。例如，一位客户第二次去某个品牌店购买衣服，销售员立马认出了这位客户，于是赞美道：“很高兴又见到您了，上次是我的同事给您做参考的。后来她跟我说‘您长得很好看，气质也好’，确实是这样呢。”销售员通过引用第三方赞美，使此处的赞美更为真实可信，更能让对方愉悦。

3. 换位思考VS一味推销

美国汽车大王福特说过一句广为人知的话："成功没有什么秘诀可言，如果非要说有的话，那就是时刻站在别人的立场上。"

在现实销售中，销售员常常抱怨："为什么没有客户愿意听我的推销呢？他们为什么都不愿意购买呢？"其实这不难理解，如果你是客户，销售员不管你是否需要就一味地向你展开喋喋不休的推销、根本不管你的想法，你愿意听这样的推销吗？你愿意购买吗？如果你的答案是否定的，那你又有何权利要求别人为你停下脚步听你的推销呢？归根结底，不少销售员会不自觉地进入一个怪圈，就是一味推销。仿佛把自己想说的产品信息全部输入到客户的脑中。

在向客户推销时，有些销售员常常会使用以下几种句式，"你听我说……""你接着听我说，不是你想象的那样""不对不对，我说的不是这个意思……""这款产品真的很好，很适合你……"，一味地向客户推销，而客户给出的反应自然就是拒绝。

在教练式沟通中，销售员会"反其道而行之"，他会换位思考，站在客户的角度认真思考客户需要什么，或站在客户的角度想象如果我是客户，"我"需要什么，走出以我为思考中心的狭隘圈，更多地迎合客户的想法。

有这样一个寓言小故事。有一个农夫和儿子想把牛牵进牛棚里，可牛不知道怎么地就发起犟来，死活不肯进入牛棚里。把牛放在外面，农夫又担心被人偷去，那样就没牛犁田了，地里也就长不出好庄稼。这时，农夫扬起了手里的鞭子鞭打牛，还是没能让牛进到牛棚里。这时，农夫的妻子割了一篮子青草回来，一边喂牛一边将牛往牛棚里引，很快就将牛引到了牛棚里。农夫的妻子看着父子俩惊讶的样子，笑了笑："牛可不担心自己会不会丢，地里会不会长庄稼，牛只担心自己能不能吃到肥美的青草。"农夫的妻子之所以能够成功地将牛引到牛棚里，是因为她做到了换位思考，站在牛的角度想问题，自然顺利达成目的。

其实在教练式销售中，同样也是这个道理。教练式销售员会跳出以自我为中心的推销方式，更多的是站在客户的角度思考问题，思考客户究竟需要什么，而不是自己想给什么；自己的产品能够给客户带来什么切实利益，而不是自己能够说出产品什么利益。告别一味推销，走向换位思考在销售中具有重要的意义。

具体来说，有以下几种方法：

（1）走出自己的世界

换位思考的第一步就是要走出自己的世界，走进客户的世界。当销售员站在客户的角度为客户着想的时候，销售员就已经走出了自己的世界。销售员不要一味地向客户推销我的产品多么好，如何适合客户，因为这一切在客户内心自有定夺。销售员应该思考为什么客户需要购买我的产品，从而给出自己的理由。

这时，销售员要把自己当成客户，就需要思考以下问题：

一是如果销售员向我推销的产品，没有超出我的期待和认知，也就是说我买不买这个产品对我的影响不大；

二是产品的价格太贵，我觉得购买回来很不划算；

三是如果这次我不购买这款产品，我可能会损失很多（会后悔）。

如果销售员站在客户的角度弄清楚这三个问题，就能引得客户主动了解情况，刺激客户购买，促进销售。当销售员换位思考时，还要做到以诚相待，以心换心。要设身处地地为客户解决困难，帮助客户解决他的需求，真正地站在对方的角度思考问题，而不只是为了销售自己的产品。

（2）找到客户的需求点

当销售员站在客户的角度思考问题时，除了要想客户为什么需要购买我的产品之外（产品利益），还需要找出客户的需求点。只有基于客户需求点，才能说服客户购买产品，实现成交。

举个简单的例子，销售员一味地向客户推销："这款产品肯定适合您。"客户会下意识地心生抵触："您怎么知道？我不这么认为……"

相反，如果销售员站在客户的需求点进行推销，会取得良好的效果。

例如，客户在看一款母婴产品时，销售员要立即想到，客户需要的是安全、清洁、放心的产品，于是销售员向客户介绍："这款产品在我们这里卖得很好，好评率也很高。安全、卫生程度都是得到全球认证的。很多宝妈不光自己反复过来买，还会介绍她们的朋友一起购买。而且我们这款产品刚好在做活动，明天就是活动的最后一天了，如果您此时购买，这次的优惠能帮您省下不少钱呢。"销售员需要站在客户的角度，想客户之所想，急客户之所急，才能"对症下药"，适合客户需求。

4. 引导说服VS强力劝说

"你听我说，你听我说啊""这个对身体真的很好，您不买的话，很亏的……""您买一个吧，过了这村可就没有这个店了"……这是传统式销

售沟通惯常使用的话语，销售员会强力劝说客户购买，也不顾客户是否需要、是否有购买的意愿，强行推销。这种强力劝说的推销方式，只会让客户不厌其烦。即便客户有购买欲望，也立刻打消购买的念头。

相反，在教练式销售沟通中，销售员会使用引导说服，一步步引导客户主动去了解产品的更多信息，最终明确地意识到自己确实需要此款产品，并实现购买。引导说服比强力劝说更尊重客户的意愿和想法，并且在引导中向客户传递产品利益和价值，让客户自己做出决定，更容易让客户心服口服。

举个简单的例子。看见客户正站在李子摊位前，你会选择如何推销？

A：“您要不要买点，这李子很好吃的！”

B：“您喜欢吃酸的李子，还是甜的李子？”

显然，B 的提问方式会引导客户做出选择。客户可能会顺着销售员的思路回答说：“我喜欢吃酸的李子。”接着销售员就可以向客户介绍：“酸李子健胃，还能清肝火，保护心脏和大脑，对身体很好的。这是今天早上新到的，很新鲜，您尝尝。”

客户本身就有买李子的欲望，经过销售员再度解说，于是很快就敲定了：“那好，给我来两斤。”

引导说服是让客户自己给出答案，而不是销售员去告诉客户答案。如果一开始销售员就强力劝说：“这李子很好吃的，您来两斤吧”“这李子对身体特别好”“您要不要买点”，客户可能不厌其烦，干脆从水果摊位走开。

在销售中，引导说服比强力劝说要有用得多，销售员将客户引导到对自己有利的场景中去，让客户自己权衡利弊，并让客户觉得销售员的引导其实是在帮助他解决问题。

具体来说，销售员可以参照以下两种方法：

（1）引导客户关注产品利益而不是产品优势

销售员如果在销售过程中，强力劝说客户，“我们这款产品来自国外”“质量非常好”“价格多么实惠”等。客户可能还会无动于衷，内心暗自揣测：“你想把它卖出去，当然说它好了。你说的这些好处也是我能够想到的，我对这并没什么感觉。”

教练式销售员会引导客户关注产品利益，实现说服。产品利益是指客户使用此产品后，该产品的优势和功能能够给他带来直接或间接的利益，从而让客户明确知道此产品能够为他们带来什么，提高产品本身的价值。

举个简单的例子，客户心仪一款高档时装，因为高昂的价格而犹豫不决。这时销售员不需要从衣服的产地、质地和料子等方面过度推销，强力劝说客户购买，而需要引导客户关注利益：“这件时装，能充分彰显您的品位和气质，您的朋友肯定都会夸赞你的眼光好。这也能体现您对高品质生活的追求。而且这件时装是经典款，设计简约，能够穿很长时间呢。”

销售员引导客户关注产品利益，即购买这款高档时装之后，能够彰显不俗的品位、体现高品质生活、赢得朋友们的夸赞，而不是从衣服上展开，因为衣服如何客户是能够看到的。同时，销售员最后一句“时装是经典款，能够穿很长时间”则是引导客户思考购买这件高档服装其实是很划算的，减轻客户的心理负担，能够促使客户尽快下单。

（2）引导客户关注产品价值而不是价格

销售员在向客户推销的时候，客户往往不愿意购买，其中很大一部分原因在于客户觉得产品的价格太贵了，一时间觉得购买不划算。

这时销售员不要向客户强力劝说此产品值这个价钱，或产品定价其实并不高诸如此类理由。因为就算产品值这个价，客户可能还是舍不得购买。销售员需要引导客户关注产品价值而不是价格。

销售员要学会跟客户“算账”。当客户觉得价格过高时，销售员需要转变思路，将总价格除以使用的天数，就能减轻客户的心理负担，让客户觉得划算。将价格贵变为价格值。

举个例子，销售员在向客户推销空调的时候，客户觉得价格贵。销售员可以通过“算账”引导客户关注空调的节能性：“虽然空调价格高，但是一年下来能给家里节省不少电费。空调作为一款耐用品，节能省电真的非常重要。”

当销售员将客户的思维引导到这一层面时，就会松动客户的想法，进而实现说服。

5. 深度倾听VS表层倾听

传统式销售沟通中，销售员很少能静下心来倾听客户在表达什么，客户有什么需求。销售员不去了解客户的真实想法，而是一味地将自己产品的优势和好处全然灌输给客户，认为只要自己把产品说得足够好，就一定能吸引客户。即便有的销售员倾听了客户的表达，也只停留在表层倾听。

表层倾听是指只倾听客户的表达，并没有将客户的话语听到心里去，也没有听出客户表达的深层含义，甚至是弦外之音。它有以下两个特点：

一是客户说完之后，销售员并不接话茬儿，依旧在介绍自己的产品，强力说服客户；

二是销售员听了客户的表达之后，只是听懂了“皮毛”，并没有听懂其中的深层含义。

例如，客户说："我想回家再去问一下我的家人"或"这件事情不是我一个人说了算"，销售员只听懂了客户在拒绝自己，而不做其他的深度思考。

相反，教练式销售沟通中，销售员会建立深度倾听。深度倾听就是，销售员不仅要听到客户表达的字面意思，还需要站在客户的立场上倾听客户语言背后的情绪、需求、意图等，能让客户感受到尊重、理解与信任。

销售员要从客户的表达中了解到客户的深层含义，不光要带着耳朵去听，还要带着眼睛、心和脑子去听，听懂客户的言外之意，才能真正知道客户到底想要什么。

例如，当客户跟你说："我对这个产品还不太了解，所以我觉得会冒一定的风险""你说的这些我都了解"等，销售员需要立即听出客户表达中的深层含义，即客户嫌你的价格太高了。这时，销售员需要适时地与客户好好聊一聊价格。如果这时忽视客户的心理反应，转移话题，只会让客户心生反感，接下来也不会发展为深度沟通了。

在教练式销售中，销售员如何告别表层倾听，建立深度倾听，以了解到关于客户更多的信息和内容呢？

（1）倾听客户的动机

销售员在向客户销售时，需要倾听客户的感受。客户购买产品时会受到某种动机驱动，销售员完全可以从客户的这些表达中找到关键信息，了解客户的购买意图和动机。例如，有些客户会对销售员说起自己购买产品的理由和初衷。

举个例子，销售员正在向客户销售一款护肤品，经交谈了解到客户是购买给即将过生日的妈妈的。因为这款产品是名牌，且不参与店内的打折活动，价格比较昂贵。客户因此有些犹豫。这时，销售员需要从客户的购买动机入手，客户购买产品是想表达对妈妈的关心和祝福。销售员需要及时呼唤这一点，只要激起客户的购买动机，客户还是舍得花钱的。

（2）倾听客户的需求

有一位销售大师曾经讲过这样一句话："在生意场上，做一名好的听众远比自己夸夸其谈有用得多。如果你对客户的话感兴趣，并且有急切想听下去的愿望，那么订单通常会不请自来。"

不少销售员总是会忽视客户的需求，陷入一个思维误区：只要自己的产品足够好，就会引得客户购买，而不管客户是否存在此种需求。但在现实情况下，只有激起客户实现需求，才能引得客户购买。

销售员具体要做好以下几点：

首先，需要真诚地倾听客户的表达，即便自己对客户的话语不怎么感兴趣，也要尝试问出几个问题，如"后来呢，发生了什么""您最后是怎么解决这个问题的呢"等，以表现出自己的好奇心。

其次，要耐心地等客户把话说完，打断或忽视客户的谈话都是一种不礼貌的行为。一旦客户觉得自己的感受被忽视了，就会对销售员心生抵触。

最后，销售员在倾听时，要进入全神贯注的状态。要把焦点放在客户的表达上，除了客户的口头语言之外，还需要注意客户的肢体动作、眼神、表情等，通常这些肢体语言能够传达出更多的信息。

例如，客户虽然口头上抱怨着产品价格昂贵，表现出如果不降价就不打算购买，但是客户的眼神一直没有离开产品、手也在不断感受着产品的质地等，这些都说明客户很想购买这个产品。销售员不失时机地说："刚看您试穿了，不得不说您很有品位，这件衣服就像是为您量身定制的一样，尤其领子的设计，凸显了您修长的脖颈……"

（3）倾听客户的类型

销售员建立深度倾听后，要进入深度思考状态。一边倾听一边分析客户的话语，了解面前的客户是什么类型、有什么需求，“我”要做出如何反应等。深度倾听的结果就是销售员能根据不同的客户类型，做出不同的反应。

举个例子，如果面对的是一位挑剔型客户，销售员就需要从产品的细节向客户推销；如果面对的是一位专业型客户，那么销售员也需要表现专业，能够精准而全面地介绍产品信息，解答客户疑问；如果面对的客户是小气型的，那么销售员则要学会卖利益，从产品的售后服务、优惠券、赠品等方面说服客户。

6. 双向沟通VS单向沟通

销售是一门人与人沟通的艺术。但在传统的销售沟通中，往往是单向沟通，即销售员一味地将产品信息传递给客户，一味地将自己的想法和理念灌输给客户。

单向沟通在销售中有着很明显的劣势，销售员没有接收到来自客户的反馈，客户并不能在销售中获得应有的平等和参与感。

在教练式沟通中，销售员更注重双向沟通。

从 MBA 智库给出的解释来看，双向沟通是指发送者和接收者之间的位置不断交换，且发送者是以协商和讨论的姿态面对接收者，信息发出以后还需及时听取反馈意见，必要时双方可进行多次重复商谈，直到双方共同明确和满意为止，如交谈、协商等。

在销售中，双向沟通能够让双方都有表达建议和反馈意见的机会，产生平等感与参与感，更容易在交流中建立起情感。一方面销售员能够及时地解决客户的问题，另一方面又能促进成交。

销售员 A 在向客户销售时，总是一味地向客户传递自己的想法，“你听我说，这款产品非常好……”“你听我说啊，现在购买非常划算”“我一看你就适合这件衣服……”，客户刚想开口问些什么，就被销售员 A 打断，“我来给你演示一下，你看这个……”，最后客户走了，不堪其扰。

销售员 B 在向客户销售时，发现客户面对品类繁多的洗发水正处于纠结状态。销售员 B 并没有直接大段地向客户介绍各款洗发水的优势，以及哪款产品卖得最好等，而是首先询问客户：“您好，您想购买什么类型的洗发水？”客户说：“我想购买防止头皮屑的洗发水，我的头发很容易出现头皮屑。”销售员 B 通过教练了解到客户的需求之后，于是向客户推荐了一款洗发水：“这款洗发水呈弱酸性，因为人的头皮 pH 值在 5~6.5，而这款洗发水 pH 值在 5.5 左右，能够保护好头皮的 pH 值环境。去屑效果还蛮好的，要不您试试看？”客户拿起洗发水仔细看了看，“我还是第一次听说头皮的 pH 值，我先买一瓶试试吧，反正以前用的洗发水效果也不是很明显。”

销售员 A 和销售员 B 销售结果之所以出现如此不同，正是因为销售员 B 采取的是双向沟通的方式——通过与客户的双向沟通，了解到客户的需求，并尊重客户的需求，倾听客户的反馈意见，并根据客户的反馈寻找解决办法。

只有让客户参与进来，你的销售才能打开局面走向成功。那么，在现实的销售活动中，教练式销售员如何做到双向沟通呢？

（1）给予对方说话的机会

销售看似是销售员向客户推销的工作，但是在教练式沟通中，销售员需要充分给予对方说话的机会。

首先，在对方表达的时候，销售员要注意倾听，听出客户表达中的关键信息，并理解关键信息。关键信息就是指问题的症结点，一旦解决了这个问题，销售也就成功了。

其次，销售员需要充分地尊重客户的感受和情绪，尊重客户的说话权利，要做到耐心等客户把话说完，而不要一味地将你认为好的推销给客户。

最后，当双方在沟通时出现误解时，销售员要耐心地解答，安抚客户的情绪，而不是针锋相对，立即反驳。

（2）给出明确具体的回馈

沟通是双方就一个话题展开交流。如果客户在说A，销售员在说B，这就不叫沟通或有效沟通。双向沟通需要双方建立在同一个话题上，在销售中就要求销售员和客户做好反馈工作。

销售员要根据客户的交流，做出反馈，双方就反馈做出进一步沟通，直至问题解决。销售员在反馈的时候，需要做到以下几点：

一是要明确。即销售员的回馈要说到点子上，切合客户刚刚表达的内容。举个简单的例子，客户在购买一款产品A，但又对此产品信息不太了解，于是向销售员询问。这时销售员只需介绍A产品，而无须介绍BCD产品。

二是要具体。是指反馈有利于客户解决实际问题。客户对什么有疑问，销售员就需要解决此疑问，让客户对产品有清晰的了解。

三要准确完整、迅速高效。沟通中的反馈要迅速高效，否则会让客户感觉受到了怠慢，过于迟缓也会显现出销售员的不专业。同时，销售员对关于产品的任何信息都能准确完整地说出来，不会让客户找到漏洞。

（3）询问客户感兴趣的话题

想要实现双向沟通，销售员需要询问客户感兴趣的话题。

什么是客户感兴趣的话题?

首先，从客户性别上区分。女客户感兴趣的话题一般包括美容、八卦、孩子等，男客户感兴趣的话题一般是财经、股票。销售员在向客户销售时，可以适当地从这些话题入手，先引起客户的兴趣，进而打开销售局面，拉近彼此的距离。

其次，学会用“敏感话题”来吸引客户兴趣。敏感话题一般涉及客户的财产、健康等。销售员根据客户状况，及时表达出如“这个……问题会给你的健康带来……”“你早了解这类产品，你就少一天损失……”“我这里有一款对您的状况非常有用的产品……”，让客户对接下来的销售活动更上心。

再次，对客户有利的，能让客户获益的话题，一般也是客户感兴趣的。销售员可以从福利、优惠、折扣等方面附加地向客户介绍产品，也会引起客户的兴趣。

最后，能引起客户好奇心的。一是销售员在向客户介绍一款产品时，如果能翻新地介绍出产品，介绍的产品超出客户的认知外，会引起客户的好奇，会让客户有继续了解下去的冲动；二是销售员巧妙地使用一些话术，如“我今天给您带来了一个好消息……”“您听说了我们店里这项新规定吗”“这里有一个送给您的折扣……”等。

第2章 销售就是要会做教练

在教练式销售中，销售的核心是信任。而一个善于运用 NLP 教练技术的销售员，能够迅速地抓住问题的要害，解决在销售过程中遇到的困境和障碍，迅速打开局面，其效率要比普通的销售员高几倍。

1. 销售的核心是信任

一般来说，销售员和客户之间处于非信任的状态。一方面，客户会对销售员心存戒备，担心自己买到假货；另一方面，销售员在与客户的沟通中，随着客户的质询和问题的加剧，慢慢地也会对客户失去信任，觉得客户并不是真心实意地想做这笔生意。

很多时候，一笔单子没能成交，客户会找各种理由搪塞你，如“这不是我一个人说了算”“我还没想好”“我还得考虑考虑”等，其根本原因在于客户并没有完全信任你。

信任在销售中起着至关重要的作用。销售员需要做到以下几点，才能和客户建立信任的关系。

（1）营造友好、亲和与尊重的氛围

教练式销售员十分注重营造与客户之间的亲和、友好和相互尊重的氛围。友好的关系是建立信任的第一步，能够初步地让客户以放松的心态进入接下来的销售沟通中。

首先，销售员要了解客户的爱好和兴趣，从让客户感兴趣的话题入手，更容易打开话匣子，让气氛变得融洽。例如，当客户喜欢书画时，你就要从书画方面和客户进行交流：“我发现我和您在有些方面真的还蛮像的……”“原来您有这方面的爱好，那我一定要好好请教……”等。当客户发现你们拥有同一种爱好时，会容易对你产生好感，相应地会放下一些心理戒备。

其次，销售员用礼物来构建双方间的亲和关系，能极大地赢得客户的好感和信任。送礼物要投其所好，并配以技巧性的话语，更能引得对方的信任。例如，销售员在给客户送礼物时，跟客户说："知道您喜欢这个，我这是特意为您准备的，您看看……""拿到这个礼物真的还挺不容易的，我们公司就只有三个……""这是我帮您争取到的，我猜您应该喜欢这个……"等，突出了礼物的来之不易和珍贵，更容易获得对方的信任。

（2）表现专业

专业性在信任中也占据着重要的位置。销售员在面对客户的问询时，如果不能精准及时地解答客户的疑问，或者给出的答案经不起客户的一再推销，客户自然无法对销售员产生足够的信任。因此，销售员如果想与客户建立信任关系，要表现得专业，甚至要成为某个领域的专家，越专业越能够获得客户的信任，客户也不会因为怕买到假货而对你设防。

首先，要全方位地了解自己销售产品的信息，包括产品劣势和潜在危险等。在向客户介绍产品信息时，不仅要正确告知客户产品的功能、使用方法等，还需要明确告知产品的使用注意事项，如禁忌，更容易让客户对你产生信任。

其次，销售员要根据客户接受能力的差异，采取不同的介绍方式，让客户更好地了解产品信息。例如，销售员如果跟文化层次稍低的客户说出太多的专业词汇，只会让客户身处"迷雾"中，不得其解，反而觉得销售员在忽悠自己。这时，销售员需要用客户能理解的语言表现出自己的专业。例如"这款产品有着xx特点，也就是说……"。

（3）从客户利益出发

除了从专业性向客户讲解关于产品的更多信息，销售员还需要从客户的利益出发，以赢得客户的信任。

首先，销售员要真诚地给客户提供帮助，让客户觉得自己是为他的利益着想的。例如，销售员对客户说："这里有几个对您有用的建议，您愿意听听吗”“这次你没能下定决心也不要紧，我先给您讲一讲，下次您再遇到这样的情况，心里也有个底”“这里有一些对您可能会有帮助的资料，都是特别为您准备的……”“您刚刚说到的困惑，我能说说我的看法吗”等。

销售员并没有直接地提出自己的建议和意见，而是通过询问的方式给予了客户选择和尊重的权利，让客户自己做出决定。一般，客户会对这个决定更加放心，因为这个决定是客户自己做出的，更具有说服力。

其次，销售员还可以告知客户，如何购买产品比较划算、如何使用优惠券等，让客户产生一种“你是自己人”的感觉，自然会对你信任倍增。

例如，在你面前的客户是一位实惠型客户，想要购买一款中档轿车，如果这时销售员还是一味地向客户推销宝马等高档车，只会让客户觉得你“没安好心”，终止成交。

当销售员明确知道客户的需求之后，要立即为客户做出最好的选择。将你掌握的产品信息详细地介绍给客户，并针对客户的需求做出决定。

2. NLP教练技术与教练式沟通

在现实销售中，销售员在向客户销售时，出现如销售员总会被客户思维带着跑、沟通的过程中销售员无法实现说服等问题，最终导致销售失败。

但在教练式销售中，销售员会大下降低这种情况发生的概率，因为教练式销售员自有一套销售系统，他不会被客户的思维带着跑，而是将客户引入自己构建的系统中来。在这个系统中，销售员积极使用 NLP 教练技术与教练式沟通来达到自己预期的效果，既能帮助客户解决问题，又能实现成交。

什么是 NLP 呢？ NLP 是 Neuro-Linguistic Programming 的首字母缩写，即神经语言程序学，“神经—语言——程序”。其中 N 是指神经系统，指代思维；L 是指语言系统；P 是指程序。

NLP 理论是由美国的语言学家约翰 · 格林德和信息学学者理查德 · 班德勒于 20 世纪 70 年代提出来的，美国科罗拉多政府曾给出一个贴切的定义：NLP 是关于人类行为和沟通程序的一套详细可行的模式。

也就是说，NLP 是一门专门研究人的语言和神经关系方面的学问，它能帮助人们改变缺点、处埋痛点、发掘潜能，最终实现目标。

而 NLP 教练技术，即 NLP+ 教练技术，是通过独特的语言，运用聆听、观察、强有力的问题等专业教练技巧，帮助销售员清晰目标、激发潜能，充分利用可用资源，以最好的状态去完成目标。

一个善于运用NLP教练技术的销售员，从客户的潜意识层面进行引导，能够迅速地抓住问题的要害，解决在销售过程中遇到的困境和障碍，进而在销售中占有优势地位、迅速打开局面，其效率要比普通的销售员高几倍。

教练式销售员运用NLP教练技术，可以使用独特的语言，运用聆听、观察、强有力的提问挖掘客户的需求，促使客户购买。除此之外，教练式沟通也帮助销售员在销售中发挥出巨大的效果。

美国著名心理学家考茨曾说："如果你认为自己比周围的人懂得都多，那么你去听别人的见解就很困难；如果你认为自己无须再学习什么了，那么你是不可能以求知的心态去听的。"在教练式沟通中，销售员要抱着学习的心态去与客户沟通，积极帮助客户解决问题，而不是一味地想成交。具体来说，教练式沟通大致会遵循以下五个步骤：

（1）第一步，构建亲和、信任与和谐的关系

教练式销售员在与客户的沟通中，十分注重与客户之间营造亲和、信任与和谐的关系。销售员会让客户有一种感觉，就是"他（销售员）不是卖产品的，而是来帮助我解决问题的"，从而对销售员心生好感，会积极地把自己的情况告知给客户，并希望得到销售员的建议。

（2）第二步，将目光聚焦到问题上

教练式销售员在了解到客户的情况之后，会积极地把目光聚焦在问题上。即在当前情况下，您想做出什么样的改变？您想达到什么样的效果？

（3）第三步，寻找解决方案

了解到问题之后，教练式销售员会积极帮助客户寻找方案，并站在客户的角度去解决客户的问题，让客户感受到销售员的真诚帮助。

（4）第四步，确定最终方案

在教练式销售中，销售员相信"凡事总有三个解决办法"，他并不局限于某一个解决方案，他会提出多个解决方案供客户选择，让客户选择一

个对他来说最好的方案。

（5）第五步，展开行动

当客户选定了最终方案之后，销售员要立即做出行动，执行最终方案。

在教练式沟通中，销售员可以充分地使用NLP教练技术使表达更有方向性，解决更多的销售难题，不断地调整自己、挖掘自身的潜能，从而在销售中打开新局面。

具体来说，NLP教练技术在教练式沟通中的应用如下：

（1）帮助销售员明确目标，激发潜能

在现实销售中，销售员很多时候都会被客户给出的反应或提出的问题刁难住，从而很容易败下阵来。但NLP教练式销售员则会激发潜能、发现可能性、充分利用可用资源，以最佳状态去达成目标。因此，当销售员碰到销售难题时，会积极地把困难视为一种挑战，视为提升自己能力的好机会。

（2）帮助销售员找到突破口，就焦点达成共识

在一般销售中，销售员和客户因为利益关系会在内心对对方设防，也为了争取更多的利益，所以在销售过程中，双方很可能会出现僵局。出现僵局之后，销售员很可能就会给客户灌输关于产品优势的道理。

但在NLP教练式销售中，教练式销售员不会给客户灌输道理，他相信客户的感受才是最为重要的。如果激起了客户的情绪，即便这个产品是客户真正需要的，客户也不会购买。销售员会积极询问客户：想要什么结果？有什么方法？还有什么？等等，找到问题的突破口，就焦点问题达成共识，进而解决问题。

（3）教练销售员的心态，磨炼意志

NLP技术在销售谈判中，还有一个重要的作用，就是教练销售员的心态。销售员会自主地磨炼意志，内心坚定信念，进而达成目标。例如，销

售员会积极地看待客户的抗拒，不把客户的抗拒看成是拒绝，而是看成了解客户内心想法的好时机，即把抗拒当作一个有力的条件。

3. 激发动机：动摇客户的信念价值观

在销售中，销售员往往会遇到这样一类客户，即无论你怎么劝说，客户就是没有半点动容。这是因为客户的信念价值观在起作用。一个人的行为产生是由潜意识的三套软件决定的，即价值观、信念、能力。这三者其实是一个整体，就像是一棵大树一样，信念价值观则是树根，销售如果想撼动这棵大树，就需要动摇客户的信念价值观。

有一个销售案例。

尿不湿刚进入中国市场时，受到了很多家庭的抵制。受传统思想的影响，很多家庭认为母亲给孩子用尿不湿是懒惰的表现，因此尿不湿一直没能打开中国市场。后来，销售方做了一个营销方案，广告语明确地表示：给孩子用尿不湿，是为了给孩子更好的呵护。此广告语一出，动摇了客户的信念价值观，激发了父母亲更好地呵护孩子的动机，从而促进了购买行为。

有一个有意思的小故事。

新来的销售员销售成绩不佳，于是他向销售主管提出了自己的疑惑：

“老板，我能做到把马引到河边，但是没有办法让它每次都喝水啊！”

“让它们喝水？”主管急了，“让马喝水不是你的事情，你的任务是让它们觉得口渴。”

销售主管的话语暗含着销售真谛，即要充分激发动机，进而促进客户购买产品。

说服一个人最好的方法，就是动摇他的信念价值观，激发动机。一旦你能够动摇客户的信念价值观，他就会实现自我说服，激发动机，最终做出购买决定。

要想动摇客户的信念价值观，激发动机，销售员要做好两方面工作：

（1）激发客户“乐点”

其实销售员销售成功的每一件产品或服务中，都有一棵“开花的樱桃树”。而“樱桃树”就是客户真心想要的东西。销售员只要激发这棵“樱桃树”，就如同按下了客户购买这棵“樱桃树”按钮。

首先，为客户营造美好感觉。

销售员要从客户的“乐点”去激发客户动机。乐点包括美好的追求、欲望、期待等。销售员在向客户销售时，需要从这些方面去激发动机，动摇客户的信念价值观。让客户觉得只有满足这个需求，才能获得更好的发展。

例如，客户心仪一款名牌高跟鞋，因为价格昂贵而舍不得购买。销售员要从“高跟鞋是女人魅力的武器”“高跟鞋会营造女人曲线美”等角度积极地给客户营造美好感觉，动摇客户的信念价值观，使他对高跟鞋产生强烈的渴望。

举个简单的例子，为什么会有很多人对苹果手机的推崇热度一直不减，除了功能好用之外，还有很重要的一个原因是苹果手机能充分地满足人们的追求时尚和功能的心理。这也是苹果公司一直愿意推出新型的苹果机，而大众依旧愿意每次买账的原因。

苹果公司已经深深地动摇了客户的信念价值观，使客户信服只有使用苹果手机才能满足自己的内心需求，而其他牌子的手机并不能给客户带来这样的感觉，这就是客户的信念；而从苹果手机获得的愉悦和面子，就是客户的价值观。

苹果公司之所以能够获得如此众多的客户，是因为他们知道自己的优势，并利用这种独特的价值动摇了客户的信念价值观，从而激发了购买动机。

其次，关注客户购买心理。

客户在购买产品或服务时，都会受到一定的动机驱动。销售员要紧密地关注客户的购买心理，即哪一个点触发了客户产生需求，实现购买。一般来说，销售员需要关注产品利益。

产品利益是客户最关心的、最感兴趣、最迫切的，它能给客户带来超出产品之外的直接或间接的好处。就像一个人食用各种花茶，结果是美容养颜、调节身体机能，让人容光焕发。其中容光焕发就是产品利益。销售员在激发客户动机时，要积极地寻找客户最在乎的产品利益。而客户最在乎的产品利益就是要从客户的需求中寻找。

（2）激发客户“痛点”

奥地利著名的心理学家费罗伊德曾说：“一个人做一件事情，不是为了得到一些乐趣（正面价值），就是为了避开一些痛苦（负面价值）。”销售员不仅要激发客户“乐点”动机，还要激发客户“痛点”动机，进而实现成交。客户的痛点包括担忧、烦恼、损失等。

首先，销售员要让客户意识到问题的严重性。

激发客户“痛点”，就需要销售员让客户意识到问题的严重性。问题越严重，越能引起客户的重视。但销售员也要注意力度，不要“危言耸听”，否则会起反作用。销售员可以有技巧性地使用一些话术，如“××问题会对您健康造成……”“××事情关系到您的财产……”等，吸引客户的注意力，让客户进入你的沟通模式中。

其次，引导客户将“痛点”转移到“乐点”

当客户动摇了客户的信念价值观后，销售员还需要引导客户解决问题，改变现状，即将“痛点”转移到“乐点”。使用“如果有一种方法可以帮您解决……问题……”“如果有一种办法能够帮您避免……损失……”等话术，将客户引入你的范畴中来。

举个例子，客户想买一款按摩沙发，因为价格昂贵，一直没有下定决心。

客户觉得购买此款沙发对于他们的家庭来说太奢侈了，这是客户的信念。

客户觉得像这种奢侈产品对他们来说可有可无，如果为了满足自己一时的欲望而做出购买决定，真是一种罪过，这是客户的价值观。

销售员在与客户的交流中得知，客户想购买按摩沙发的主要原因是：随着年龄的增长，身体各方面机能下降，身体常常出现劳累的现象，所以想买一款好点的沙发在疲惫的时候好好休息。

销售员可以这样动摇客户的信念和价值观：“您想一想，上了一天班之后，身体已经非常疲惫，回到家，躺在这样柔软的按摩沙发上，一边按摩一边休息，不但可以有效缓解疲劳还能保养身体。身体的疲劳若长期得不到有效疏解，对身体是极大的消耗，会危害身体健康。如果定期去按摩店消费的话，那将是一笔不小的花费。所以，购买这样一款按摩沙发放在家里，简直赚到了！”

客户认真想了想，发现销售员说的确实有道理，于是愉快地购买了这款按摩沙发。案例中销售员从产品给客户带来的利益入手，如缓解身体疲劳、能给家人带来享受以及与身体出现状况带来的负担和与按摩店的花费对比等方面入手，动摇客户的信念（奢侈）价值观（购买不划算），让客户关注身体健康的重要性和购买的划算性，进而激发动机，促进购买行为。一旦销售员成功说服了客户的信念和价值观，就能实现成交。

4. 同步带领：接受客户的动机和意图

在现实销售中，不少销售员知道客户的动机和意图之后，往往反其道而行之，结果导致销售失败。

举个例子，客户说："你的产品太贵了。"客户的动机和意图是希望销售员能够降价或者有一定的折扣，这时销售员偏偏"不上道"，反而劝说客户："我们的产品其实价格并不高，您看看这些产品的质地、花色都是上乘的。"其实客户并没有质疑产品的质量，这时销售员却拿质量说事，而对价格只字不提，这些说法其实并不能解决客户的实际问题，反而让客户心生恼火。

但在教练式销售中，销售员就会同步带领，即接受客户的动机和意图，就事说事，并深切地了解客户的想法和感受。其实，客户说的每句话都有其深刻的含义，背后都有着客户的动机和意图。因此，销售员要细细体察。接下来我们列举一些常见的有代表性的客户话语，来探究其背后的动机和意图，以及销售员要如何做到同步带领：正视并接受客户的动机和意图。

（1）当客户说“价格太高了”

当客户跟你说“这价格太高了”心理动机有如下几种：

一是客户希望能够降价，或获得更多的折扣；

二是客户觉得产品的价值与价格不符，即产品本身值不了这么多钱；

三是客户本来就没有购买的打算，借“高价格”来推托。

销售员在听到客户说这句话时，首先需要意会到客户可能存在以上三种动机。这时，销售员可以做好以下同步带领：

“您说的价格贵，具体是指什么呢？”

询问客户认为“价格贵”的具体原因，进而精准锁定客户的问题。

比如，客户可能说：“我在别家店铺看到一个跟这个差不多的产品，人家比你的这个产品要便宜500块钱。”

销售员就可以针对“别家产品更便宜”来回答：“我们的产品价格确实是要高一点，但是我们这款产品后续的维修费用是非常低的，比其他产品的维修费用低不止一倍。老实说，其实产品的价格还包括送货安装、使用费和维修费，您说是吧？我们的产品提供五年免费上门保养，而其他店铺只能提供三年。这样算下来……”

“那您想要一个什么价位的产品呢？是高档的？中档的？还是一般的呢？”

把问题抛给客户自己去权衡。销售员询问客户这个问题，是为了引导客户思考：“一分价钱一分货。如果您想要价位一般的，我们这边也有相应的产品。”一方面能够解决客户的问题，另一方面也给予了客户充分选择的权利。

“我们的产品是针对成功人士研发的，产品的含量也是最佳的，它能够有效地解决您刚刚说的……问题。”

通过产品定位和产品功能来解答客户的疑问，进而通过解说接受客户的动机和意图。

“我能够理解您刚刚说的价格贵的问题。我们的产品经久耐用，是老字号了，您想想如果按照十年使用期来计算的话……”

用使用年限来暗示客户不仅质量有保障，还持久使用，十分划算。

（2）当客户说“我还要考虑考虑”

当客户说出“我还要再考虑考虑”“我回家还得和家人商量一下”“我再想一想吧”等话语时，客户背后的动机和意图有以下几种：

一是客户可能真的没有时间；

二是客户对销售员介绍的产品不感兴趣，以“没时间”作为推托；

三是客户觉得这个产品对自己用处不大，因为没有强烈了解的欲望；

四是觉得产品价格过高。

销售员面对客户说“还需要考虑考虑”时，可以做好以下同步带领：

“我能先了解一下您还在考虑什么问题吗？”

如果客户能够回答销售员的问题，说明客户确实为某一问题而心存顾虑。相反，如果客户不能说出一二三来，说明客户真的对此没有兴趣。

“针对您的顾虑，我来给您解释一下……”

当客户无此需要时，销售员需要迅速引起客户的关注和信任。

“多耽误一天，您就多一些损失……”

“早些了解这些信息也没有什么坏处，这样你下次购买的时候，也会心中有数……

既接受了客户的动机和意图，又能引起客户的一定兴趣。

（3）当客户说“等到搞活动时，我再来看吧”

当客户说“等到搞活动时，我再来看吧”时，客户的动机和意图可能有以下几种：

一是客户这次只是来看看，并没有看到合乎自己心意的产品；

二是客户并不打算现在就购买产品，准备等下一次机会；

三是客户希望能够在活动上，多享受一些折扣和优惠；

四是客户想要店铺降价，买到更多的超值产品。

对于客户的这一动机和意图，销售员可以做到以下同步带领：

一是销售员遵从客户的选择和意愿，并提前告知客户明确的优惠时间，给予客户力所能及的帮助。

二是销售员告知客户："对于下次活动时间，并没有明确的计划。但是美丽是不等人的，像您这样好看的人，我相信价格不是大问题吧？"明确告诉客户不确定优惠活动再次举办的日期，以催促客户早点儿做出购买决定。

三是销售员对客户说："您是我们的老客户了，我现在去问问可有什么优惠，给您申请一点小礼品/折扣，您觉得怎么样？"销售员在了解到客户的动机和意图之后，如果避而不谈，反而会错失机会，也会失去客户的信任。

5. VAK技术：影响沟通效果的因素

每个人在接收外界信息时，都喜欢用自己的"方式"来接收，即视觉、听觉、触觉、味觉、感觉。不同的人有不同的感知世界的方式，如果对方能够认同甚至配合彼此，那么双方间的交流就会进入一个更高的层次。人们都喜欢与自己在同一步调的人沟通，在销售中也不例外。

如果销售员在销售过程中细心观察就会发现，大体上存在三类客户：

第一类客户使用视觉来感知产品，主要是通过眼睛来了解自己面前的产品，如形状、造型等；

第二类客户通过听觉来感受产品，他会询问销售员一些信息，从销售方的解释和介绍来了解产品的更多内容；

第三类客户则是通过触觉来感受产品，表现为他会通过触摸来感受产品的质地和材料以便了解更多的产品信息。销售员在识别这三类客户时，需要使用 VAK 技术。

什么是 VAK 技术呢？它是一种特别的教练技术。其中的 V：vision，视觉；A: audition，听觉；K: kinaesthesia，触觉。销售员需要建立这三方面的觉察，以判断自己面前的客户属于哪一种类型，进而把握此类型客户的特征，投其所好，让客户感觉你是同他一样的人，以此增强沟通效果。

举个例子，如果你是视觉系的销售员，而你面前的客户却是触觉系的，于是你兴高采烈地跟客户介绍、语速飞快、全方位地告知客户各种产品信息，如产品的优点，很可能客户听得一头雾水，甚至都不知道你到底在说什么。

因此，为了能够达到良好的沟通效果，销售员要与不同的客户进行匹配，建立细致的观察来了解对方是偏向于 VAK 技术哪种喜好的人，并调整好自己的回应方式，以契合客户的“表达”。

（1）对于视觉系客户

视觉系客户的特点如下：

一是他是用眼睛来接收信息的，他会不断地浏览产品的颜色、款式、造型等，产品的外形是吸引他们购买的重要因素。例如，客户想要购买一款大衣，他会被衣服的颜色、款式、设计所吸引；

二是通常语速比较快、表达欲望比较强烈、情绪容易激动、肢体语言也比较丰富。

销售员针对视觉系客户要做好如下工作：

首先，需要建立强烈的视觉感受，让客户试穿、试戴。例如，可以这样对客户说，“这款围巾真的很适合您，您看起来气质很是高贵娴静”“您可以再自己‘看看’这个产品，这里有详细的说明书，上面‘展示’了所有的呈现效果和细节”等，销售员在介绍的时候，要避免冗长的文字，多用一些视觉系的词语，如“漂亮”“活泼”“动人”等。

其次，销售员要少讲道理，多询问客户的意见，如“你有什么看法”，“这些您都了解了吗”等。除此之外，销售员在向客户表达的时候，需要简明扼要、保持轻快的节奏，必要时可以使用一些肢体语言来辅助自己介绍。

（2）对于听觉系客户

听觉系客户最大的特点：

一是他会不断地询问销售员以了解产品的信息。为了能够让销售员了解自己想问什么、想要了解什么，听觉系客户的表达比较有条理性，方便销售员能够听懂自己的意思。例如，客户购买一款洗衣机时，他会不断就产品如何使用、如何操作、如何组装、如何保养等问题向销售员寻求答案。

二是听觉系的客户声音变化比较丰富，往往抑扬顿挫。

销售员在面对这类客户时，首先需要全面地讲解产品的相关信息，说出“我先给您‘分析’一下这款产品的用途和操作规范，然后您可以‘表达’您想要了解的信息，我们可以‘讨论’一下”等，满足客户的听觉欲望。

其次，销售员要耐心地、不停地向客户做产品说明，语速要趋于平衡且清晰，多使用变化的语气来表达你的意思，让客户听得明明白白。

最后，销售员要注意条理性和逻辑性，如果在介绍或演示产品时颠三倒四，很容易令客户产生质疑和反感。

（3）对于触觉系客户

触觉系的客户的特点有：

一是喜欢“上手”，例如买一款围巾时，他们会触摸围巾的质地、材料等，感受下围巾的柔软度，以形成对产品的判断。

二是触觉系客户语速偏慢，他会用心去感受自己触摸产品的感觉，以配合他想象中的思考逻辑。

三是触觉系客户在说话时会有停顿，语气也偏向于沉稳。

触觉系的客户更在乎产品的舒适度，举个简单的例子，如果布料让客户感觉不舒服，一件衣服即便设计得再好看，客户也不会选择购买。因此，销售员在面对触觉系客户时，需要极力地向客户展示舒适度。

首先，在客户试穿时，需要帮助客户展示好正确的穿戴方法，最大限度地传递舒适度，以消除客户的顾虑，得到客户的认可。

其次，销售员要多询问客户的感受，让客户尽情地表达出自己穿戴的体验，如“这件衣服您穿着怎么样，还舒适吗”“腰间的设计还合适吗”“领子感觉怎么样啊”等。需要注意的是，销售员询问的语气要关怀沉稳，更容易引得客户好感。

6. 与客户做深层沟通的技巧

在现实销售中，销售员如何与客户进入深层次沟通，也不是一件容易的事情。因为销售员在和客户沟通的时候，往往不能引起深度共鸣，相互间会产生防备心理，或者因为彼此的利益需求等多方面原因，使沟通仅仅停留在表层，一个人无法全然地理解另一个人。导致的结果是，双方进入深层沟通会显得比较困难。

如果销售员希望沟通进入一个深层次领域，就需要掌握一定的技巧。

（1）表现真诚

如果销售员想要和客户建立深层次的沟通，需要表现真诚。只有真诚才能真正地打动彼此的心，建立起彼此之间的信任关系，让双方有一个平和的心态进入到接下来的交流之中，进而对你销售的产品心生好感。

首先，销售员与客户沟通的时候，态度要不卑不亢，笑容要真诚，既不能虚伪地假笑，又不能过分谄媚。真诚的笑容是直达眼底的，眉梢也会带着笑意。

其次，销售员还需要与客户的眼神建立友好的接触，表达自己对说话人的关注和重视，眼神接触要自然，而不是盛气凌人式只盯着客户的眼神，给对方造成压迫感。

最后，表现真诚还需要对对方做到坦诚相告。虽然销售方和客户方存在一定的利益对立关系，但销售员还是可以做到相应程度的坦白。如果你对客户付出真心，也会感染客户，双方更容易建立起深度沟通。

（2）建立聆听

销售员与客户建立深层次沟通时，除了要表现真诚，还需要建立聆听。每个人都有表达欲望，能够静下心来，适度地给予对方倾诉的权利，是一种素养，也是一种建立深层次沟通的有效方式。

首先，销售员要避免喋喋不休地向客户推销产品，诉说产品的好处，而要聆听客户想说什么、聆听客户真实的需求、深入了解客户说这番话的深层含义。

其次，在聆听的过程中，销售员不要打断客户，要等客户说完再表达自己的想法。当销售员能够聆听到客户的真实需求，并解决客户的需求和问题时，会极大地促进双方进入深层次沟通。

最后，销售员不仅需要聆听客户的语言，还需要通过客户的表情、动作、情绪，聆听到更多的信息，要共情地听，站在对方的角度去聆听，并适时地做出回应，如微笑、耐心的眼神等。这些都能鼓励客户更畅快地表达自己的想法，让交流不断地深入，达到销售目的。

（3）用对方喜欢的方式沟通

销售员在与客户沟通时，如果想要达到良好的沟通效果，销售员要学会“配合”客户，而不是对一千位客户使用同一种沟通方式。销售员需要随机应变，如果你面前是一位理智型的客户，而你采取喋喋不休的沟通方式，只会让客户心生排斥，觉得你吵闹，并不想多与你交流。

相反，如果你面对的是一位活泼型客户，而你采取冷静的方式对话，客户也会觉得自己受到了冷落，也就没有兴致再同你进入深层次沟通。因此，销售员用对方喜欢的方式沟通，更容易和对方进入同一频道，建立投契合拍的节奏。当节奏对了，双方的交流也会进入深层次沟通中。

（4）让客户听得乐意

销售员除了会听，还要会说。如果想要进入深层次的沟通中，销售员就需要让对方听得乐意。如果处处否定客户，不站在客户的角度考虑，客户当然不愿意跟你多说。

首先，销售员需要说出客户喜欢听的，如赞美的话语、双方间的共同语言。举个简单的例子，客户正在试穿一件连衣裙，销售员要真诚地献上赞美，如“这裙子您穿起来真的好看，很有气质。尤其腰间的设计，让您的身材比例显得更好了”。销售员在赞美的时候，要言之有物，而不是泛泛赞美，缺乏真诚。

其次，销售员要说出让客户容易接受的话语，就需要做到“三思而后行”，说话的时候语速不要过快，不要过多，言多必失。如果碰到客户反问，销售员也不要急于反驳对方以表现出自己是正确的，而是需要艺术地说：“我明白您的意思，同时……”“我同意，同时……”等，更容易为客户所接受。

最后，销售员需要说出对客户有利的。越是对客户方有利，越能够拉近与客户之间的距离，建立深层次的沟通。例如，销售员告知客户店内正在举办优惠活动，比如打 8.8 折和派发优惠券等。总的来说，交谈过程真诚有趣，会极大地促进双方都进入到沟通的氛围中，进而对产品产生好感和信任，更容易成交。

第3章 教练式沟通：强有力的语言技巧

在教练式沟通中，销售员会积极使用强有力的语言技巧，对客户实现说服，加速成交。其中包括检定语言模式、暗示语言模式、语言破框法、语言换框法、五步脱困法、心锚建立法、米尔顿语言模式等 7 种语言模式。

1. 检定语言模式

在现实销售中，有时候销售员会很头痛地发现，自己的话语或者客户的话语都会遭受一定程度的误解，从而终止销售。而这一过程就涉及了检定语言模式。

检定语言模式是 NLP 最重要的技巧之一，是由美国的两位心理学家理察 · 班德勒和约翰 • 格林德提出来的，他们将语言分为两个结构，即表层结构和深层结构。表层结构是指已经说出来的话语，这部分话语经历了三个层次的变化：扭曲、归纳和删减。而深层结构是指一个人的价值观、信念、规条，这是人们未说出口的“话”。所有话语都来自于深层结构，经过扭曲、归纳和删减三个程序的作用，最终会形成说出口的话语。也就是说，人们说出口的话语会深刻地受到深层结构的影响。

检定语言模式能帮助销售员不被语言所困惑，而拥有驾驭语言的能力，能够有效地了解一段话语的逻辑结构，即用语言去澄清语言，从而掌握一套有效的思考技巧。

当销售员能够熟练应用好检定思维模式，他会看到自身无论是语言还是思维上的不足之处和前进方向，进而让自己的语言和想法更为成熟。那么，在现实销售中，销售员如何应用好检定语言模式，使销售员看到更多的可能性，并深刻了解自己思维的狭隘性和自身的可成长空间呢？

（1）扭曲

人们对一件事情的认知，会出现扭曲的现象。而这种扭曲是每个人都难以避免的。扭曲类句式一般有以下几种：

一是臆断式。这是指销售员或多或少会臆断客户的话语，会形成自己主观判断，销售员要让自己克服这种心理。例如“客户拒绝我，肯定是因为我不够好看”“客户不喜欢的我的推销”等，销售员化解为：你（指销售员自己）是怎么看出来的？你是怎么知道的等。

二是因果式。例如，“客户说没时间，因为不想听我说太多”“这种心情使我无法工作”等，销售员要告诫自己不要强行在两件事物中建立因果逻辑关系，化解为：这两件事情一定存在逻辑关系吗？

三是相等式。例如，客户没能尽快成交就是反对（或拒绝）。化解为：“还没成交”和“反对”是一样的意思吗？没能尽快成交除了拒绝，还有哪些意思呢？

四是假设式。例如，“为什么你会拒绝我的销售”化解为“是什么使你认为我应该要接受你”或“是什么使你认为我不是在好好接受你”。

（2）归纳

归纳是指销售员会根据自己以往的经验来判定眼前的新行为。例如，客户曾经以“我没时间”为由拒绝过销售员，那么在以后的销售谈判中，只要客户说“我没时间”，销售员自然就将这句话归纳到客户拒绝自己的行为中。

归纳式有以下几种句式：

一是以偏概全式。通常，以偏概全式销售员会武断地断定客户的行为，甚至会在客户的行为上加上“绝对”“肯定”“向来”等词语，如“客户每次都是以这样的理由拒绝我”等；如“客户从来都不曾耐心听我说话”化解为“从来？包括一开始的时候？”。

二是能力限制式。例如，“我不能解决客户的问题”化解为“是什么阻止你不能解决”，树立信心，探索更多可能性。

三是需要性。例如，“我应该先问问我的同事们我才能做”化解为

“不问你的同事就做不好吗”。

四是价值判断。即说出的话中有明显的价值取向，但没有真实的来源。例如“客户都是喜欢拒绝销售员的”化解为“谁说客户都是喜欢拒绝销售员的”。

（3）删减

删减是指销售员在听客户表达时，会删减以下几项内容：

一是名词不明确，如“他们拒绝了我”改为“谁拒绝了你”；

二是动词不明确，“他们拒绝购买”改为“他们怎么拒绝你了”；

三是简单删减式，如“我不明白”化解为“你不明白什么”；

四是副词不明确，如“他拒绝了”改为“他怎么拒绝了”；

五是比较删减，如“我表现得糟糕透了”化解为“和谁比较呢”等。

销售员在使用检定语言模式时，需要注意以下几点，方能取得最佳效果。

第一，销售员在处理问题时，先要从扭曲类着手，然后才是归纳类，最后才是删减类。因为扭曲类最能接触客户的深层结构，了解客户最真实的想法。而删减类则是大多人都无法避免的说话方式，如果销售员一开始就花大量的时间思索客户话语中删减了什么，会浪费大量的精力和时间。

第二，为了获得更多有用的信息，销售员在了解客户的话语时，无须对客户的每句话都进行检索，而是需要了解到自己想要了解到客户的什么信息，进而集中对该部分话语进行检索，更好地帮助客户和自己解决困扰。如果总是将精力放在揣摩客户的每句话语上，则会让工作繁累而无趣。

第三，销售员需要了解的是，检定语言模式中的每句话其实没有所谓的对错之分，销售员需要做的就是引导双方找到更多的突破口，关注机会而不是问题。

2. 暗示语言模式

人们可能都会有这样一种神奇的感觉。如果你在潜意识里告诉自己“我不行”，那么你的行为就像是受到潜意识中的那句“我不行”的指引，结果真的失败了。

但在教练式销售中，销售员面临困境时，会从对方的表情、动作、手势等了解到对方是否出现了负面情绪。如果出现了负面情绪，教练式销售员会积极地调整自己的交流方式，以此平复对方焦虑的心情。在这个过程中，销售员采用了暗示语言模式。

暗示语言模式是指在沟通时与对方的潜意识进行交流，并直接把信息发送到对方的潜意识中，或者通过它来抽取一些非意识控制的信息，从而帮助人们认识到自己的潜能、发挥自己的创造力、增强自信心，引导事物朝着正面积极的方向发展。

暗示语言有着诸多作用。举个例子，很多杀毒软件会不时地跳出来提示用户“你的计算机正在遭受威胁”“有漏洞”“现在垃圾需要清理”等，这些语言就会暗示用户要不断进行杀毒，否则计算机会受到侵害。同样，电视上播放的广告也将暗示语言模式发挥到极致，无论是“今年过节不收礼，收礼只收脑白金”，还是“怕上火就喝王老吉”，都是在用暗示语言来向消费者推销，推销产品的功能和理念。当销售员能够在客户的潜意识思维中销售，会自发地说服客户购买。

暗示语言模式注重在潜意识层面起作用，而在潜意识领域，文字不能发挥出绝对的优势，还需要对方的表情、语速、动作等。销售员需要通过客户的这些表现，来了解客户的情绪。具体来说，有以下几种做法。

（1）“先跟后带”的说话模式

这是指销售员在看到客户的一些行为之后，并不直接提出反驳，而是通过有技巧性的话语将对方引导到自己希望发生的行为上，进而达成销售目的。

例如，客户面对销售员的推销时，不耐烦地回复了一句“我没时间”。

销售员这时不要急匆匆地说“只耽误您一点时间”，甚至直接说“您怎么会没有时间呢”等，这些都是不正确的做法。

销售员需要先“跟”，即应和客户的语言或看法，销售员这时应说“确实，大家都挺忙的”“我知道你现在很忙，时间也很宝贵”等，客户要部分认同客户说的话，初步缓解客户的情绪，而不是一上来就说“耽误不了您多少时间”。

当销售员“跟”上之后，就要学会“带”：“这部分信息对您很有好处，如果您多了解一下，您下次就有经验了”“您多了解一下，你的损失就少一天”“当您了解这个产品后，您会发现……”等。

销售员则通过“好处”“损失”“经验”等语言向客户暗示了其中的巨大福利、优惠、对自己好的信息，同时使用“当……”等句式则比“加入”更具有暗示作用，前者包含着客户已经购买了该产品的既视感或假设了某些条件一定会出现。

当销售员引起客户的兴趣之后，就能与客户做进一步沟通，引导客户进入自己的频道。销售员在使用暗示语言模式时，可以对自己重点表达的词语稍作停顿，或者加大音量，让客户能够感受到你的暗示；如果一笔带过，客户可能也会忽略这些关键信息。

（2）使用“引导式”句式

暗示语言模式中用得比较多的词汇有“当”“同时”等，销售员在销售时也需要使用这些引导句式去引导客户行为。

一是使用“同时”代替“但是”。“同时”暗示出肯定意味，而“但是”则表达否定意味，容易调动起客户的情绪。

例如，当客户说“你们这边的产品价格太高了，我有点难以接受”时，销售员说：“其实您说的这个问题我十分理解，但是您这样想一想，我们这边的产品质量分为上等和中等的，不同档次的产品就会卖不同的价格……”

相反，这时销售员说：“价格高确实让人心疼，同时高品质产品也会让人产生更多的满足和心理安慰。”前者让人心生抵触，后者更易打动人心。

二是使用“当”代替“如果”。

例如，销售员说：“如果你使用了我们的产品，你会获得……效果”，而使用“当”则暗示性更为强烈（暗含客户已经使用了该产品，感受到其中的效果），如“当你使用了我们的产品，你会获得……效果”。同时，销售员在表达的时候，还可以多使用“我们……”等词语暗示自己与客户站在同一战线，“我们”比“你”表达的效果要强烈很多。例如，销售员说“我们再来看看这款产品，它使用的是最新科技……”比“你来看看这款产品，相信会给你带来很多的价值”要好得多。

（3）时间式暗示

时间式暗示也能在销售员向客户推销时发挥作用。举个例子，当销售员向客户推销化妆品时，客户说：“我从来没用过，我不需要。”销售员可以通过反问暗示客户，销售员说“您的意思是到现在为止，你还没有用过化妆品吗？”来暗示客户，过去没有使用不代表就不需要，过去没有使用不代表将来也不能用，引导客户思维发生变化。

（4）隐藏指令式暗示

销售员可以使用隐藏式指令来暗示客户。以下介绍三种方式：

一是销售者隐藏建议。例如，销售员说："很多人在用完洗面奶之后会觉得脸干干的，不知道您是否也是一样""我们这儿之前有个和您情况差不多的客户试过……"，暗示客户确实存在这样的问题，接下来就顺其自然地给客户介绍产品。

二是反面的提议。例如"您不用再回忆使用上次那种产品后的不良反应，只需要换种方式就好了""直到你感觉到皮肤很滋润了，才可以停止"等。

三是隐藏指令。例如"你可以一边听音乐，一边试用我们的产品"等。

3. 语言破框法

在现实销售中，销售员往往会遇到销售中的种种困境，如无法全力说服客户、被客户的问题问住了、无法解答客户的疑惑等，使自己一时无法从自我思维中跳脱出来，导致销售失败。

但是教练式销售中，销售员在面临销售困境时，会勇于打破思维障碍，使用语言破框法，重新定义信念。

语言破框法是指突破思维障碍，建立更为积极的心态去解决问题。它主要涉及三个框子，即"应该如此""托付心态"和"没有办法"。销售员需要突破这三大语言框子，化解销售困境，引导自己心态发生正面的变化，扩大可提升空间，从而使自己做得更好。

那么，在实际的销售中，销售员如何使用语言破框法来打破思维障碍，实现自身成长呢？

（1）将“应该如此”变为“事情已经发生了，而且都是应该发生的”

销售员在面对销售困境的时候，需要将消极的“应该如此”变为积极的“事情都已经发生了，而且都是应该发生的”。如果客户表现出了抗拒或者不理解的情绪，需要做好正面而积极的应对，而不是自怨自艾。

销售员这时需要思考两个问题：

一是事情既然发生了，自然有它发生的理由，虽然这理由可能是我未必知道的。既然如此，我就无须给自己徒增更多的烦恼。

二是销售员需要思考如何配合已经发生的事情，给自己制造转变的机会。

举个例子。销售员已经花费很长时间给客户介绍产品信息，并示范了如何操作、如何使用等，但最终客户还是没有购买。这时你心中怨气很大，觉得自己白费了精力，于是你冷冰冰地对客户说：“那好吧，欢迎下次光临。”

其实客户也觉得很奇怪，甚至也会觉得委屈。因为是否选择购买是自己的权利，不能因为你的介绍我就非买不可，销售不是强买强卖。同时，你冷冰冰的态度让客户更庆幸自己没有购买。这些于人于己都是十分不愉快的。

而教练式销售员在碰到这样的状况时，会积极地教练自己的心态。

首先，他会真诚地对客户说：“没关系的，给您多讲一些也挺好的，下次您再选择这种产品的时候，对产品多一些了解，心里也有底一些。”

礼貌地回答客户，让客户觉得很踏实，可能下次客户打算购买的时候，第一时间会选择你的店铺。做长久生意而不是一次性生意。

其次，销售员也不会生闷气，他会想这其实也是一次锻炼自己向客户推销、展示的机会，能够提高自己的表达和展示能力。

最后，销售员甚至能够从这次经历中得出新的经验，即要提高自己的技能更好地为客户服务，同客户建立良好的关系，甚至约定好下次见面的时间。

（2）将“托付心态”变为“每个人都有自己的‘活法’，无须假借他人之手”

生活中，很多人会把自己的心情、情绪、想法全部寄托在另一个人身上。在销售中同样如此，销售员会无形中将自己的喜怒哀乐全部寄托在客户身上，如果客户说了两句拒绝的话，销售员就觉得自己受了天大的委屈。这就属于托付心态。

教练式销售员会教练好自己的心态，他能充分地认识到：

“客户的到来是增加我的业绩的，而不是为我增添烦恼、带来挑战的。”

“即便客户拒绝了我也没关系，我还是可以做出更多的努力。”

“客户是我的伙伴，是能够为我带来利益的人，而不是我人生快乐的主宰者。”

“我的快乐掌握在我自己手中，全由我自己的心态决定，而无关他人，也没有人比我自己做得更好”。

当销售员教练好自己的心态之后，他的快乐就不会假借他人之手。销售员也能以正面的心态去化解销售困境，给予自己信念支撑；不会把自己的消极情绪全部寄托在他人身上，而不自我消化。

（3）将“没有办法”变为“办法总是比困难多”

不难发现，很多销售员在面临销售失败时，容易将责任推到客观事物上，以一句“没有办法”来推脱自己的责任。“没有办法”是一种消极抵抗的心态，但凡事总有突破口。

例如，销售员在向一位客户销售时，客户以“我没有时间”为由拒绝了。这时销售员有三个选择：

一是就此罢了；

二是接着对客户进行说服；

三是跟客户约好下次见面的时间。

如果你是一个聪明且有韧性的销售员，你不会选择前两个方法，而会积极地寻找可能性，以“这个产品您多了解一些信息，则会少一些损失”“多了解一些这方面的信息，会对您的健康有极大的帮助”等说服客户约好下次见面时间。

如果一件事情值得做，那么你就要把它做好。在销售中，销售员会遇到太多难以预料的困境，但是这些都不能成为销售员放弃的理由。只要你愿意去做，你总会找到各种解决的办法。而每一次失败也能让销售员累积经验，吸取教训，有助于自己在以后的销售中避免失败。如果销售员总是沉浸在自己过往的情绪中无法自拔，不把失败当回事，也不去寻找解决问题的办法，那么销售员只会陷入更深的困境中。

4. 语言换框法

一个人思维的高低和格局的大小，也深深影响其行为，进而影响最终结果。在教练式销售中，销售员在面对销售困境时，需要转换自己的信念，积极地使用语言换框法来全新看待销售困境，从而更好地转变心态去解决问题。

有这样一个小故事。惠子对庄子说："我那儿有一棵大树，人们都喜欢称之为'臭椿'。它的树干上尽是疙瘩，很不符合绳墨取直的要求；数枝也是弯弯曲曲的，不符合圆规和角尺取材的需要。它所在的位置虽然显而易见，但是木匠们连看都不看它。这树大而无用，人们似乎更不喜欢它了。"

庄子听了之后，笑着说："你看你有这么大的一棵树，竟然担忧它没有什么用处。它栽种在无边无际的旷野里，让人能够观赏它的奇特，又能让人们靠着甚至躺着休息，还能为人遮风避荫。大树也不会遭到工匠们的砍伐，也没有什么东西能伤害它。它的用处还不够多吗？"

庄子的话语其实就是语言换框法，即将惠子眼中的"劣势"转化"优势"，其实树还是那棵树，但是它的价值和意义已经转变了，"命运"也发生了重大转折。语言换框法就是有这种神奇的功效。

语言换框法就是指突破原有的思维模式，用新的思维方式（信念和价值观）去看待自己所面临的问题，将负面情绪或信息转化为有价值的东西，更关注机会，而不是问题，引导积极情绪的发生。

人们使用语言换框法后，会脱离自己原先的思维模式，思想境界和层次也会更开阔，看待问题的方式会变得深刻，在此影响下做出的行为也更具有意义和价值。

如果联系到销售中，销售员能够积极地转变心态，把拒绝看成是机会，把问题看成是突破口，就能引导销售走向新的局面，获得成功。

例如，客户说："不好意思，这个我不需要。"

销售员说："因为客户拒绝，所以我不开心。"这时销售员需要将其换框为"客户拒绝，所以我更要积极工作，因为这能让客户改变对我的态度/使我变得更加能干"等，经过这样的换框，销售员能够获得力量，树立信念，以正面积极的心态去克服销售难题。

首先我们需要了解有几种换框法；其次，销售员在面对销售难题时，如何用语言换框法去重塑信念价值观。

（1）意义换框法

意义换框法，简言之，就是从负面事物中找出正面的意义。它表达的核心观点是，我们看待事物的方式，完全受我们意识的影响。它既包含正面的意义，又包含负面的意义，而正、负面意义哪个占据主导地位，是由我们自己控制的。

销售员要将"因为x，所以y"换框为"因为x，所以非y，因为……"，改变自己的信念才能获得更好的发展。具体来说，如下：

一是销售员在销售时遭遇了客户的拒绝，销售员将"懊恼、失败的情绪"换框为"这又是提升我工作能力的好机会""我又可以累积经验了""如果我最终能够说服客户，那么我的自信心会大增"。

二是将"我总是无法说服我的客户"转换为"其实我比上一次已经进步一些了。如果我还能学习到更多的方法，我相信我会做得更好的……"

等，将消极、负面的事情经过换框法转变成正能量、积极的事情。

教练心态，将困难的、具有挑战性的事情变成可实现、可成长的事情，会获得能量，进而发挥出潜能。当心态发生了变化，很多事情也会变得不一样，会出现新的转机。

（2）环境换框法

环境换框法是指管理者要积极地看到事物的两面性，将此方的缺点“换”到另外一种环境中去能变为优点。

例如，客户抱怨：“这个包包款式、颜色我都挺满意的，就是这个拉链很不活络，总是得费很大的力气才能拉上。”

销售员使用环境换框法可以换框为：“这个问题其实我们是了解的。首先，这个拉链是为了配合这个包包的设计而搭配的；其次，这个拉链问题我们自己也发现了。其实拉链不太好拉未必是坏事，因为这样在人多的时候，小偷不会轻易地就拉开拉链啦。”

销售员将拉链不好拉的缺点换到另外一个环境中就变成了优点，客户在听了销售员的解说之后，觉得十分有理，于是很愉快地购买了这个包包。教练式销售员找出有利的环境进行销售，便能变不利为有利，改变这个东西的价值，进而加速成交。

（3）两者兼得法

两者兼得法针对的是两难情况，要抛弃非A即B的解决问题的方式，转而去想如何能够做到既A又B，如果让两者都能实现，我要使用什么办法？

两者兼得法的句式一般为“如果两者都可兼得，我有哪些可以实现的方式……”。

举个例子。销售员说："为了能够说服客户成交，我只好降低我这边的价格。"这时销售员需要进行换框，即如何做才能既说服客户成交又不降低价格呢？

销售员换框为："我如何将客户拉到我的阵营中来，使用一些对我来说损失不大的优惠来维持现有的价格不动？"这样一换框，销售员更能够关注机会，跳出局限和困境，积极寻找两全其美的方法。

语言换框法其实教练的是销售员的心态，告知销售员在销售中没有困境，所有的危机只要把握得好，换个环境、换个想法、换个思维，就能成为成功的转折点。但这些也需要销售员个人能力和智慧的加持，需要销售员随机应变，根据不同的销售情况思考不同的解决方式。

5. 五步脱困法

在现实销售中，销售员往往会给自己创造情绪压力，销售还没开始就给自己设下条条框框，如"我不行""这个我不擅长""我觉得我无法说服客户""这个产品太难销售了"等。当一个人的思维受到了桎梏，他就真的像是陷于泥潭里而无法自拔。说服不了自己，就更难以说服客户。

这种情况导致销售人员内心缺乏自信，而这凭空的压力是销售人员自己"创造"的，对现实销售并没有任何实际意义。而在教练式销售中，销售员会积极使用五步脱困法，来帮助自己克服精神和心理上的障碍。"五步脱困法"是指销售员通过困境→改变→因果→假设→未来五个步骤来帮助自己甩掉负面的心理预设和包袱，变消极为积极，进而更好地克服销售困境，获得成长（见图 3-1）。也就是说，五步脱困法是一个通过语言帮助销售员摆脱困境的说话技巧，帮助销售员脱离泥潭，改为更为积极进取、有清晰目标和方向的努力动力。

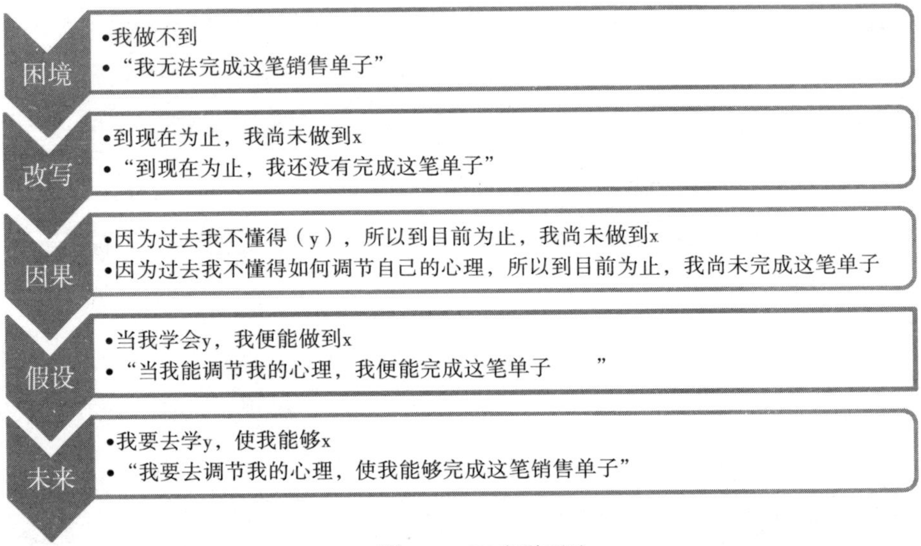

困境
- 我做不到
- “我无法完成这笔销售单子”

改写
- 到现在为止，我尚未做到x
- “到现在为止，我还没有完成这笔单子”

因果
- 因为过去我不懂得（y），所以到目前为止，我尚未做到x
- 因为过去我不懂得如何调节自己的心理，所以到目前为止，我尚未完成这笔单子

假设
- 当我学会y，我便能做到x
- “当我能调节我的心理，我便能完成这笔单子 ”

未来
- 我要去学y，使我能够x
- “我要去调节我的心理，使我能够完成这笔销售单子”

图 3–1　五步脱困法

销售员通过五步脱困法从最初的“我做不到……”的心理压抑，渐渐地意识到局限并转变心境，调整到“到现在为止，我尚未做到……”（未来有实现的可能性）。

在此基础上，经过分析和探究，销售员进一步了解到“因为我过去不懂得 × ×，所以导致了这样的局面……”。

因此，当我学习到“我要是做到了 × ×,那么我能成功……”销售人员经过这样的思索，会把注意力转移到解决方法上，而不是纠结于问题上，因此会建立更充足的信心和勇气来面对销售难题。

五步脱困法其实是帮助销售员改变自己的信念，不要将困难的事情看成是不能成功的事情，进而以积极乐观的心态去面对问题、解决问题。

（1）直面困境，突破局限

当销售人员内心暗示自己“我不行”“我做不到”时，这种负面情绪会蔓延到实际行为中，带来消极影响。

首先，销售员需要正视自己的内心，不要逃避自己的负面情绪，要直面困境，不能把“我不行”当成自己逃避的理由，切忌轻易定义自己，而要迎难而上，进一步剖析自己的心理。

其次，销售员要正视困难的存在，不要把困难看成是绊脚石，而要正面积极地看待这次挑战，将困难变成自己成长道路上的垫脚石。

（2）转变心境，改变现在

当销售人员能够直面自己内心困境的时候，他已经意识到需要调整自己的状态了。

这时，销售人员需要转变自己的心境，自我说服：“虽然到现在为止，我还没有完成这笔单子，但不意味着我完成不了”“我没做到，仅仅是我暂时还没做到”等。

也就是说，销售员有了正面而积极的心理暗示，即我只要经过努力，在未来还是有极大实现的可能的。销售人员要做积极的内心建设，需要把重点放在实现目标的可能上，而不是纠结于问题上，给内心设防。要时刻告诉自己“虽然我现在还没有说服客户购买，但不代表我永远做不到”，给自己树立信心和勇气，以积极的心态迎接挑战。

（3）建立因果，寻找方法

当销售人员已经转变心境，开始积极寻找应对方法时，销售人员需要思索这样一些问题：为什么我会出现这样的困境？出现这种情况的原因是什么？我要做哪些改变？最重要的是要做到什么？我做到了吗？我距离这个目标还有多远？等等。

销售人员要积极建立因果关系，寻找解决方法。通过一系列自我询问，销售人员了解到“我到现在还没完成这个单子，是因为我还没有调整好自己的心情、找到有效的销售方法”，而“调整好心情”和“找到有效的销售方法”都是销售人员可以控制并行动的，意味着如果改变这两点，就会有无限成功的可能。

在此过程中，销售员则会想到“我之所以到现在还没能说服客户，是因为我还没有完全了解该产品对客户真正的价值。一旦我了解了，我就能改变这种现状”，让自己更有方向。

（4）建立假设，坚定信念

到了这一步，销售人员已经确认自己陷入销售困境的原因了，并进一步明确了成功的希望，“当我调整好心态并找到有效的销售方法”，我便能完成这笔单子。由上一步的“因为”到此时的“当”，语气和心理已经发生了变化，内心变得更为果断，也更有方向。

销售员在五步脱困法的第四步时，双脚已然从泥潭中挣脱出来了。在这一过程中，销售员开始着手学习“如何找到产品对客户产生真正价值的东西”，一旦找到就会转变局面。

（5）未来达成，建立信心

“我要去努力调整自己的心态，积极了解客户的真实需求、耐心解答客户的疑问以及从细节入手直击客户内心等有效的销售方法，并且积极总结自己过去失败的经验和教训，相信我会出色完成这笔单子的。”销售人员要找出一切自己可控并能利用的资源，帮助自己实现目标。相比于当初处于困境时期，这时候销售人员已经脱离困境寻找方法了。其中“我要去……”“相信我会……”等一些表达方法已经暗示自己迫不及待的心理，已经达到或恢复到“自己掌控自己的思想和行为”的状态了。突破自己的内心设防，引导自己从困境中走出来进入销售的情境中，进而剖析自己，达成清晰的目标和行动，最终完成销售任务。

6. 心锚建立法

在生活中，我们常见这样一种现象：一个人如果被一条蛇咬了，那么他下次看到蛇，就会联想到这次经历，会跑得远远的；喜剧演员特定的眼神、话语、动作，每次一出现就会引得观众哄堂大笑等。这些在心理学上有一个特别的称呼，即“心锚效应”。

心锚属于条件反射的一种形式，也就是指“人之内心某一心情与行为某一动作或表情之链接，而产生的条件反射”。而心锚效应是一种重要的心理现象。所谓锚定效应，是指当人们需要对某个事件做定量估测时，会将某些特定数值作为起始值，起始值像锚一样制约着估测值。在做决策的时候，会不自觉地给予最初获得的信息过多的重视。而这些都会使人们的行为发生变化。

销售中的“心锚”案例也是不胜枚举，为什么商品的价格常常是9.9元而不是9元或10元呢？为什么商家喜欢写上一个价格之后再划掉，再写上一个优惠价呢？为什么你在浏览收藏的产品时，上面会显示“比收藏时降低了××元”？为什么销售员会经常发信息通知客户店内的打折活动？为什么店铺会有普通价和会员价之分呢？其实这些都是商家对客户使用的“心锚”。利用“心锚”来促进销售，引导客户做出购买行为。

在销售中，销售员如果想给客户留下一个好的印象，或者说与客户之间能够建立独特的联系，也需要用到“心锚效应”。心锚的建立也不是一件容易事，需要销售员和他的客户之间能有一个“暗号”，这个暗号能够在双方间发生化学反应，使双方间的交流和情感变得更为融洽。心锚一旦建立，它就像一个开关，一到特定的场景就会自动启用，发挥奇妙的作用。

有这样一个有趣的小故事。一位教授就“心锚效应”和学生们做了一个小实验。首先教授和学生将冰激凌命名为“七个小蛋筒”，但在生产包装时故意放了八个蛋筒。不少客户在购买之后都发现蛋筒比商品名多了一个。几次购买之后，都是这样的情况，于是不少贪小便宜的客户认定是这批货“出了问题”，他们哪肯放过这样的好机会，成批地购买带动了当年“七个小蛋筒”的热销！其实归根结底，客户喜欢的是一种占了便宜的感觉。如果装有八个小蛋筒的“七个小蛋筒”名字改为“八个小蛋筒”，可能就不会出现案例中热销的效果了。这就是销售员在客户心上放下的一个“锚”，能让客户愿意并持续不断购买。

销售员在应用锚定效应时，要基于两点：一是能够对销售带来直接帮助；二是能够改善跟客户之间的关系。当销售员建立的心锚能够起到这两方面作用，无疑是成功的。具体来说，销售员在建立心锚时，需要做好以下工作：

（1）确认对方是否处在特别状态

心锚建立的第一步就是要确认客户的身心是否处在特别状态。特别状态是指客户情绪波动比较大的时候，例如兴奋或沮丧时，而不是在客户情绪平和的时候建立。在客户情绪波动比较大的时候，建立心锚体验，能够达到预期的目的，影响也会深刻。而正面的心锚，也会给客户留下好的印象。

（2）要在特别状态最强烈的时候，施以诱因

文中开头介绍的“蛇”“喜剧演员的动作、眼神”等，这些都是诱因。诱因要在客户处在特别状态最强烈的时候施展，则会取得更强烈的效果。如果你的诱因施用太早或太晚，心锚的效果就不大。而如何得知客户是否处于最强烈的状态呢？这需要销售员建立观察，如看到客户有着明显的喜怒哀乐的情绪时，就是客户特别状态最强烈的时候。当客户情绪波动比较大的时候，施以诱因，能够取得事半功倍的效果。

（3）“诱因”必须独特

心锚的建立必须是独特的，如果过于平淡寻常，也是达不到预期效果的。也就是说，心锚的建立要具有标志性。就像喜剧演员的标志性动作引人发笑一样，并不是他的所有动作和语言都能取得令人发笑的效果。

销售员也需要有一些标志性动作或话语，让客户一听见你说这话或做这个动作，内心就会愉悦。

例如，销售员的声音很有特色（很像一位明星的声音），自然会比一般的销售员声音更容易引起客户的好感；或者销售员每次在向客户销售时，都会和客户讲笑话。当客户笑得开心时，销售员适时地成交；在产品成交时，帅气地打一个响指，则会让客户印象深刻。销售员需要和客户建立正面、积极、愉快、独特的心锚，这样的心锚会对成交起到重大的作用。

（4）“诱因”的提供要准确

销售员在与客户建立心锚时，要在最合适的时机表达，才能取得最佳的效果。特别的时机就是在第一步骤说到的客户情绪波动比较大的时候，也是最有效果的时候。提供的“诱因”要准确，如果表达得不到位或者不精准，那么效果也会大打折扣。例如，销售员如何和一位客户保持长久的合作关系，如果销售员每次给这位客户寄产品时，都会给客户送上一份自己制作的卡片，卡片上写着一些笑话，客户看到这些产品时会很开心，更有助于稳定关系的达成。

7. 米尔顿语言模式

很多销售员在销售中往往会有这样一种感受，即自己有时候说得越多，越发没有说服力；越是无力感加剧，就越想通过大量的说辞说服客户，愈加不能控制自己，结果往往也不尽如人意。

相反，如果销售员在向客户销售时，有技巧地让语言变得不明确，反而会引起客户的兴趣。这一现象在NLP教练技术中，有一个特别的称呼，即米尔顿语言模式。

米尔顿语言模式也被称为一种简明的催眠话术，能够与人的潜意识直接进行沟通，以一种非说教的方式让对方接受，潜移默化地实现说服。它通过有技巧地使用模糊、不明确的语言，让对方潜意识里不由自主地填充空隙间的细节，进而能够对问题拥有一个清楚、完整且全面的理解，消除自己的顾虑。

在教练式销售中，销售员使用米尔顿语言模式的“催眠式销售”，靠语言的力量说服客户，与客户建立紧密的联系，最终产生强大的威力以及持久的销售效果。

（1）猜想式语言

猜想是指销售员虽然没能准确地获得客户的想法和信息，但是通过猜测而知道对方的感觉。销售员使用含糊性的语句，潜意识地影响对方，让对方做出如同自己所说的那种情况的感受，例如“我知道你在怀疑……”“我能知道你会喜欢……”“我知道你相信……”“我知道你现在在担心着……”等，营造和客户“相知”“感同身受”的感觉，引领客户的思维，让客户感受到销售员接下来是要解决自己问题的。

在教练式销售中，销售员要学会包装自己的语言，让自己的话语促使客户产生思考，而不是产生阻碍。一旦话语对客户的潜意识思维产生影响，销售员就成功了一半。

（2）暗示性语言

销售员在使用米尔顿语言模式时，需要使用暗示性语言，即通过不明确的语句给客户留下想象的空间，使对方的潜意识不由自主地补充销售员没有说出的那部分，更能够认同销售员说出来的话语。这种暗示会让对方逐渐接纳这种想法，并且随着谈话的深入，对方更愿意接受更多的暗示，最终对方可以根据这些暗示进行自主选择。

例如，销售员说：“我们这款产品卖得很好，很多客户都反映产品质量很不错。”客户在听到这句话时的第一反应是销售员在自卖自夸，其中的真实性还有待考证。

销售员说：“这个产品很适合您。”面对这种对话，客户一般会产生疑问和抗拒心理：“为什么适合我？你怎么知道？我凭什么相信你？”

相反，销售员需要使用不确定的句式来引起客户的思考。“这个产品也许适合您。”这时客户内心会进入思考的状态：“这个产品适合我吗？好像真的挺适合我的。”而不会对销售人员的话产生抗拒和质疑。

（3）假设前提

假设前提是米尔顿语言模式中最重要的语言模式。销售员在说服客户时，要有技巧性地让客户了解到其余部分的事实内容。例如，销售员说：“上次那位客户又购买了这款产品”，这可以推导出一个事实，那就是“这位客户曾经也来购买过”。

销售员如何能够让自己的语言含有假设的意味呢？很好用的一个办法就是，将句子变成否定句式，然后找出真实的部分。例如，销售员对客户说："没有，这款产品不存在您说的那种情况"，事实是产品能够真正有效地消除客户的疑问。

（4）可能性和必须性

销售员在向客户销售时，使用可能性和必须性语句产生的效果差异明显。当销售员使用必须性语句和客户交流时，往往带有强迫、不顾他人意愿的感觉；而使用可能性语句时，则带有建议性和支持性的语气，更能为人所接受。

举个例子，销售员对客户说："这款产品很适合您，保证您会喜欢。"

客户的潜意识反应是："为什么你就这么肯定这款产品适合我，我相信你对很多人都说过这样的一句话。"表现出来的行为可能是径直走开，不听销售员的推荐。

相反，当销售员使用可能性的语句时，更容易对客户的潜意识造成影响。销售员对客户说："这款产品都是新到的，我觉得你可能会喜欢，要不您看看？"

销售员使用可能性语言对客户进行说服，更能为客户所接受，被对方列入考虑的范畴之内，客户可能真的会去看看，因为销售员的"可能性"表达让客户潜意识里更相信销售员的说辞。

（5）双重约束

在双重约束之下，客户无论怎么选择都必须围绕销售人员设定的选项，这样更有利于销售人员达成最终目的。例如"您买这个产品，是打算送人，还是留作自己用呢""这两款产品，您是更喜欢颜色亮一点的，还是喜欢颜色稍微暗一些的""您是喜欢吃酸一点的苹果，还是甜一些的苹果呢"等提问，能够让客户下意识地回答你的问题，进而做出选择（购买的可能性大为增加），同时销售员可以根据客户的回答了解更多信息。

（6）延伸引述

销售人员通过进一步延伸产品的一些信息，来减少客户的抗拒心理。

例如，客户担心产品的使用安全问题，这时销售员说："这款产品我们都是加固处理的，稳定性很好，这点您不用太过担心""售后服务我们都是有保障的，而且提供三年上门保修服务。只要您有需要，一个电话就可以了……"

销售员在向客户销售时，通过延伸引述能够消除客户潜意识中的顾虑，暗示客户已经解掉了潜在的麻烦和危机，更能说服客户实现成交。

第4章
先跟后带：进入信任空间

教练式销售关系的核心是信任，教练式销售员十分注重与客户建立强烈的信任感。在教练式销售员看来，“无信任不成交”。

1.建立和谐信任关系

信任是销售员与客户建立良好关系的基础，在销售中发挥着至关重要的作用，是推动销售走向成功的关键因素。

在现实销售中，很多时候销售面临失败的原因在于：销售员和客户没能建立和谐信任的关系。如果客户对销售员产生非信任的念头，销售员说得再多也于事无补。

在教练式销售中，销售员十分注重与客户建立和谐信任的关系，让双方能够进入信任空间里，进而展开教练，更容易达成双方想要实现的结果。

和谐信任关系的建立需要销售员付出很多努力。具体来说，销售员要做好以下工作：

（1）营造良好的第一印象

第一印象非常重要，在销售中同样不例外。别人对你印象的形成，60% 来自外表，40% 来自声音。为了能够给客户留下良好的第一印象，增强给客户带来的信任感，销售员要做好以下工作：

首先，销售员需要有一个礼貌、干净、得体的外表。销售员的穿着打扮要合体，不修边幅、穿着拖沓会让客户产生“这个人很不靠谱”的感觉。

其次，微笑是最美的语言。销售员在向客户推销时，需要带着真诚的温暖的微笑，让客户放下戒备心理。

再次，销售员还需要使用礼貌的寒暄来问候客户。销售员在寒暄时可以从天气入手，例如，下雨天客户赶过来了，销售员说：“雨很大，一路过来辛苦了吧”“今天天气真的很冷，赶快喝一杯热水吧”，让寒暄成为双方交流的手段，给客户留下一个好印象。需要注意的一点是寒暄切忌浮夸、不走心、过于谄媚，否则就会适得其反。

最后，给客户介绍产品时，销售员需要表现出自信。如果介绍产品时前言不搭后语，支支吾吾地说不出所以然来，更容易让客户心生疑惑，难以建立信任。

（2）表现真诚、自然

真诚是最能打动人心、消除对方戒备心理的。销售员如果想和客户建立和谐信任的关系，就要表现得真诚而自然。与其说销售员销售的是产品，还不如说销售员销售的是自己。如果销售员本人给客户留下很不靠谱的形象，也会让客户联想到其销售的产品不靠谱。

首先，销售员要表现真诚、自然，耐心地听客户表达自己的诉求和需求，举止落落大方，态度不卑不亢。和客户交谈时坦诚，自然能够获得客户的认可，也会让客户乐于与你交流。

其次，在销售的过程中，多询问客户的意见和建议，多关注客户的内心感受，多了解客户的想法。例如，销售员询问客户：“您对此有什么想法呢”“您想要达到什么效果呢”“您还有什么顾虑吗”等。

最后，真诚地给客户提供力所能及的帮助。例如，看到客户手上拿了很多东西，销售员真诚地看着客户，语气自然温柔地说“我帮您提一下吧”，表现得自然得体，会拉近彼此的距离。

（3）设身处地地为客户利益着想

销售员想要和客户建立和谐信任的关系，需要设身处地地为客户的利益着想，要有一颗帮助客户的心。在教练式销售员眼中，比起销售成交，解决客户的问题更能够让销售员感到满足。

首先，如果销售员做出的行为是对客户有利的、有帮助的，那么客户更倾向于相信销售员。因此销售员在向客户推销时，不要让产品成为销售的中心，而要让客户的需求成为销售的中心，要多询问客户的需要。例如“我有什么能够帮助您的呢……”“您有什么顾虑，尽管跟我说……”等。

其次，从“销售产品”向“解决客户问题”转换。如果销售员挖空心思只想销售自己的产品，客户自然也能看出来，不会对销售员产生信任，更不愿意去当这个“冤大头”。因此，销售员在与客户沟通时，要清楚地向客户传达出“我是来帮助你解决问题的”而不是“我是来销售我的产品的”。

例如，当店内正在举办折扣活动、店庆活动，销售员可以提前通知客户“我们店内最近打算举办折扣活动，如果您有需要的话，到时可以来看一看……”；考虑到客户的现实情况和需求，如“根据您当前情况，这里面有一些产品目前您还不太需要……”“这样购买的话，能够帮助您省下一部分钱……”等，销售员要考虑到客户的切身利益，更有利于卸下客户的防备心理。

（4）保持倾听和好奇心

在建立信任和谐的关系时，保持倾听和好奇心也是重要的一环。

首先，销售员要学会倾听，倾听并不是毫无目的地听，而是要倾听出客户表达中的关键信息，如客户的需求、想法、要求等。在倾听之后，销售员还需要适当重复，以表示出对客户话语的重视，例如销售员说“您刚刚的意思是想说，您想拥有一个能够……”“我能不能这样理解您刚才的意思，您现在想要……”等，向客户进行确认，更好地解决客户想要解决的重点问题，推动效果过程，更能够获得客户的信任。

其次，在倾听的时候，还需要保持好奇心，即对客户的表达产生兴趣。例如，当客户表达完一段内容后，销售员需要饶有趣味地询问客户“然后呢”“接下来怎么样啦”等，让客户尽情地表达出自己的想法。

2. 创造和谐轻松的氛围

好的开始是成功的一半。这里说的好的开始更多的是指销售员为客户创建了一种轻松和谐的关系。在现实销售中，销售场景往往由于买卖双方的利益争夺而僵持不下，造成冷淡疏离的销售氛围，也会对接下来的销售活动起到阻碍作用。

但在教练式销售关系中，销售员十分注重轻松和谐关系的建立，他相信轻松和谐能够促使谈判走向一个好的开始，让销售在良好的氛围下进行，更容易促进销售。

有这样一个小故事。

一名销售员向一位客户推销产品。在沟通的过程中，销售员明显地感受到气氛很是沉闷紧张。这时，这名销售员看到了客户桌子上的玫瑰花，灵机一动，伸直身子去闻玫瑰花香，故意让刺扎了自己的额头。

这时销售员笑着说了一句："我真幸运。"客户被他这句话弄得一头雾水，连忙问："怎么了？"

销售员说："我刚被玫瑰花的刺扎了一下。"客户更迷惑了："被扎了还觉得幸运啊？"销售员说："可不是嘛。幸亏扎的是额头而不是眼睛，要是扎到了眼睛，那我可能就看不到下期的《男人装》杂志了。"

客户听到这话，哈哈一笑，气氛一下子变得轻松融洽。

（1）从共同话题入手

共同话题的建立，有益于营造轻松和谐的氛围，拉近与客户间的关系。当共同话题展开了，客户对销售员的防备心也会降低，也更容易对销售员产生好感。

首先，销售员在寻找共同话题时，不要从客户的隐私或秘密入手，而要找一些大家都能聊得来的话题，如爱好、职业、兴趣、电影、美食等，切入话题时，要自然贴切，不要让客户感觉到你是在没话找话。例如，谈论最新上映的电影等。

其次，销售员在寻找共同话题时，也要以友好的肢体动作、眼神表情等配合自己的表达，让氛围更具感染力，从而营造出轻松和谐的氛围。例如，销售员在说起双方都很感兴趣的话题时，表情轻松愉悦、言语活泼大方。

（2）善于使用幽默

美国心理学家特鲁·赫伯说过："幽默是一种最有趣、最有感染力、最具普通意义的传递艺术。"幽默在销售中同样能够发挥出重要的作用，它能够调节严肃沉闷的气氛，愉悦客户的心情，打破紧张的局面，营造出轻松和谐的氛围。

首先，幽默不是拿客户的隐私和缺点开玩笑，幽默不是低俗，幽默不是谄媚；相反，幽默是真诚，幽默是愉悦人心的，幽默是智慧。

例如，客户A正在试一件衣服，这时旁边身材长相略胜一筹的客户B也试了同一件衣服，穿着效果更佳。客户A觉得很尴尬，这时销售员不失真诚地说了一句"原来这件衣服是美女的标配啊！"顿时化解尴尬。

其次，幽默要恰到好处。销售员在和客户沟通时，如果让自己的说话变得有趣、有内容，会极大地赢得客户的好感，让客户觉得对方是个有趣的人。

例如，客户在试穿一件衣服后，销售员幽默地赞美道：“这衣服找到真正的主人了”“这件衣服适合命中有你”“身材好的人，穿什么衣服都没在怕的，今天我算是知道这句话是什么意思了”等，并给客户一个心领神会、十分有趣的眼神或表情。

（3）学会“配合”你的客户

要想形成轻松和谐的关系，销售员要想办法让客户全身心地放松下来，要学会“配合”你的客户。

首先，要“配合”客户的性格脾性。如果客户性格内向、不喜生人过分热情，销售员表现得太过殷勤，反而会加重客户的心理负担；相反，如果客户性格活泼，而销售员则表现得过于冷淡，也会给客户造成心理压力。

其次，销售员还需要从语速、声调上配合客户，尽量让客户感觉到放松和愉悦，而不是紧张和不耐烦。例如，客户讲话速度慢，销售员这时就不要展现出“快刀斩乱麻”的作风，而要降低说话的速度，配合客户，照顾客户的情绪和心情。

（4）尽量让客户正确

不少冷淡压抑的销售关系，往往是由于销售员和客户之间争论胜负导致的。面对性格各异的客户，有时一句话甚至一个眼神都会让销售氛围变得紧张。销售员在向客户销售时，要避免和客户发生争执，要尽量让客户正确。

首先，尝试理解客户话语中合理的部分。有时候，客户会对产品提出自己的意见或质疑，销售员为了突出自己产品的绝对优势，随口而出如“怎么会呢”“不可能，我的产品很好的，大家都在夸，就你一个人说不好”“您是不懂，所以才觉得不好”等一些表达，自然导致气氛剑拔弩张。

聪明的销售员会尽量让客户正确，即便客户的想法与自己的想法不相同，销售员也要先部分肯定客户的看法，让客户觉得自己的意见和建议受到了正视。

其次，补充而不是代替客户的看法。针对客户话语中不合理的部分，销售员需要补充而不是代替客户的看法。例如“我觉得您刚才说得挺对的，尤其在……考虑得非常周全，如果您能在……就更好了”，充分照顾客户的心理感受，让双方的交流趋向和谐。

3. 和客户的身体语言同步

美国心理学家艾伯特·梅拉比安有一个著名的公式，即信息的全部表达 =7% 的语调 +38% 的话语 +55% 的肢体语言。从公式可以看出，肢体动作在沟通中发挥重要作用。

大家可以想象这样一幅画面：如果你和朋友们一起聚餐，同时端起茶杯喝水，相互对视时很有默契地笑了，接着又都同时放下了茶杯；或者说当你的朋友端起茶杯喝水时，你也跟着端起了茶杯等，这种美妙感觉会进一步拉近彼此之间的距离。无论是你们自己还是外人都会感觉这两个人关系亲密、相通。

在教练式销售中，销售员也需要与客户建立身体语言的同步，与客户建立美妙的信任感觉。身体语言同步有以下几个好处：

首先，同步行为意味着你和客户的想法或态度相近或相通。正是因为对同一件事有同样的情感，才会诱发同步行为，能够让客户产生很奇妙的感觉，这种感觉很容易建立信任。

其次，身体语言是一种非常重要的表达沟通方式，它能够表达和承载很多语言尚不能表现出的情绪和信息。语言带动着身体，身体深度表达出语言覆盖不了的内容，这是建立信任、产生交流最快的方法，进而能够将客户带入信任空间，更有利于销售。

销售员与客户的身体语言同步有着十分重要的作用力。首先我们来了解一下什么是身体语言？

身体语言，是指非词语性的身体符号。包括目光与面部表情、身体运动与触摸、姿势与外貌、身体间的空间距离等。具体到销售中，销售员如何做到与客户身体语言同步呢？

（1）目光与面部表情同步

对一件事情有相同感觉的人，通常会做出相同的动作。与客户目光和面部表情同步，这就要求销售员需要协调好自己的目光和表情以配合客户。

首先，面部表情能够积极地表现出一个人肯定或否定、赞成或否定、积极或消极等情感，能够表现出对一件事情的喜恶。

例如，当客户在浏览产品时，满眼里都是惊喜，并且面部表情十分愉悦，啧啧称赞。这时客户拿起其中一件商品之后，细细打量。销售员也要“见机行事”，拿起跟客户手里一样的产品向客户介绍，表情要愉悦，眼神要有神采。

其次，相同或相似审美的人更容易有共同语言，而且这份志趣相同能产生同步行为。如果销售员这时对产品的看法和客户相同，会不自觉地让客户跟你产生亲近的心理、分享更多的观点、加深彼此的好感。

例如，当客户拿起一件产品时，销售员要饶有兴趣、眼神充满期待地询问客户：“您也很喜欢这款产品？”客户连续点了好几下头，销售者也要跟着一起点头，语气惊喜：“我也是。”一下子就拉近了彼此间的距离，更容易产生信任。

（2）身体运动与触摸

每个人其实内心深处都有被触摸的需要，触摸是更深层次的交流方式。积极的、不令人排斥的身体接触能够释放出友好信号，传递更多的信任信息。销售员如果想拉近和客户之间的距离，缓解彼此陌生的心理，靠语言无法充分地说服客户，就要学会一些与客户同步的动作：

客户忽然交叉着双手，你也可以顺其自然地做出相同的动作；

客户忽然看向室外，你也可以跟着客户的视线将目光投向室外；

客户忽然转过身子去看后面的产品，你也要同步转过身子去看这个产品；

客户触摸某件产品，你也跟着触摸产品等；

每次和客户见面时，真诚地握手、轻轻拍拍肩膀表示友好、轻轻握住客户的手肘等也能让对方感受到你的心情。

身体运动和触摸同步能够让客户深刻地感受到你的诚意和配合，还能让客户更容易与你建立话题，双方更好地展开交流。销售员在做出这些动作的时候，要自然随意，不要让客户十分明显地感觉到你的刻意模仿，否则会适得其反。

（3）姿势与外貌

在销售中，销售员的姿势（自由散漫还是严谨认真等）和外貌也能让客户感受到很多信息。穿着、打扮和品位的高低，也会给客户带来不一样的心理感受。客户能够从销售员的妆容、打扮、举止、佩戴的饰品等了解到销售员的性格特点和审美情趣等。

首先，销售员的打扮要自然得体，自然得体的打扮能给人一种很可靠的感觉。销售员的打扮要倾向于大众审美，可以有自己的个性小设计，但不要太尖锐。销售员可穿深色系西装、领口挺拔、袖口整洁、鞋子干净，发型清爽，打造良好的审美体验。

其次，要配合客户的姿势。如果客户动作随意自然，而销售员动作紧绷绷的，会给客户带来心理压力；相反，如果客户的姿势很严谨，而销售员动作很随意，同样无法建立信任。

（4）身体间的空间距离

人与人之间的距离反映着彼此之间情感的程度，也会对沟通产生重要的影响。如果一个人对另一个人已经建立了内心上的信任，彼此之间的距离也会大为缩短。

首先，要尊重客户给出的空间距离。如果客户一开始就刻意与销售员保持一段距离，销售员这时要尊重客户的这种行为，不能为了表示亲近和友好而不顾客户的心理感受，销售员也可以同步地让出一两步的距离。

其次，表现亲近距离要适度。每个人内心都会有安全距离。无论与客户聊得多投机，都要保持一定的距离，以降低对方负面的心理感受。当然，当客户主动地向你靠近时，销售员不要做出后退的动作，而是要向客户靠拢。

总的来说，销售员需要建立与客户身体语言同步的意识，要了解身体动作同步的重要性。而具体动作如何同步需要参照现实环境中客户的动作表现。

4. 和客户语言、语调、语速同步

销售员除了要与客户身体动作同步之外，还需要做到与客户语言、语调、语速同步，让双方间的关系更契合，更容易进入信任空间。双方就像是在舞池里跳着探戈一样，如果一方过快或过慢，节奏会错掉、舞步会乱掉，无法跳出最美的舞蹈，自然也就无法建立起信任默契。

优秀的销售员会很机智地配合好“舞伴”，而不是自己踩错节奏。

其实，销售员在向客户销售时，销售的不仅仅是这个产品，更是你个人。产品那么多，为什么客户一定要向你购买呢？除了产品能够满足客户的需求之外，销售员个人的气场和给客户的整体感觉也是很重要的一部分。气场相合的人更能够建立起信任的关系，因为他们能够保持同一节奏，能够了解到对方的情感和表达的内容。而语言、语调、语速是销售员在向客户介绍时必须使用的途径，会产生至关重要的作用。具体来说，销售员在销售时需要做好以下准备：

（1）与客户语言同步

每个人都有属于自己的语言。如果想要快速地知道对方在说什么，使对话保持在同一频道，更为直接地接收到对方话语里的信息，语言起着十分重要的作用。

举个简单的例子，当你在国外用中文和外国人交流的时候，你很容易就会陷入迷惑中，不知道他在表达什么，更无法顺畅地交流感情。相反，如果你在异国碰到一个中国人，你会很熟练地使用自己的语言去交流，两人能够畅快地沟通，也更容易建立起信任。

在销售中同样如此，和对方语言同步是非常重要的。

如果销售员能够用客户熟悉的语言向他介绍产品，更能够获得客户的信任和好感。

例如，客户是南方人，有着特别的口音，如果销售员也能够说出地道的南方话，会极大地拉近与客户之间的距离。

销售员要积极地使用对方熟悉的语言，如方言、英语或其他语种等，如果销售员能够做到语言同步，不仅能大大地降低双方间的交流难度，还能进一步增加两人之间的感情，消除不自在和陌生感觉。

（2）与客户语调同步

良好的交流不仅建立在富有价值的内容上，还建立在双方的语调上。试想，一个人如果想和对方说一些体己话，声音轻轻浅浅，而听话人大声讲话。这时要想建立信任默契的关系，就会很困难。双方说不了多久，一方就没有倾诉的欲望了。在销售中同样如此，语调很重要，能够表达出一个人的情感和情绪。

首先，语调包括语音高低、快慢、升降的变化。销售员在和客户沟通的时候，需要和客户的语调进行配合。

举个例子，如果客户声音很轻快、语调高，而销售员说话沉闷、语调低，客户就会觉得交流起来很累，自然就不愿意和销售员多交流了。相反，如果客户的声调低沉，而销售员声音轻快活泼，客户就会觉得十分吵闹。

其次，销售员要适当地随机应变。客户的语调会随着情感的高低而有所不同。如果销售员一直保持着一致不变的方式，就会走向极端。例如一开始客户语调很高地与销售员交流，当讲到自己伤心的过往时，语调忽然变得很低沉，而销售员此时还是以一种高语调与客户交谈，就会让气氛很尴尬。

（3）与客户语速同步

客户小王是个内向的姑娘，她不喜欢销售员过于热情的推销方式。有一次，她打算购买一个豆浆机，在浏览产品的时候，销售员极力地在她耳边推销，语速很快，自顾自地介绍产品的优点。小王终于不厌其烦，果断从这家店铺中走出来。

为什么小王最后决定不在这家店铺购买了？原因正是因为小王不喜欢销售员的推销方式，语速很快，压根儿不听自己在表达什么，使她内心产生抵触，干脆一走了之。

在语言、语调做好同步之后，销售员还需要与客户做好语速同步。有的客户说话慢条斯理的，而这时销售员像机关枪一样“突突”地向客户表达，那么销售员的介绍对客户而言就是一种负累。这时，销售员也要配合客户说话的语速，与对方做好同步。

相反，如果客户讲话如“快刀斩乱麻”，而销售员在介绍时语速很慢，也会让客户听得心急，双方无法建立起默契，自然也就没有状态进入信任空间。

5. 和客户的情绪同步

在现实销售时，销售员往往会将注意力放在销售上，而忽略客户的情绪。

举个简单的例子，客户正在兴致昂扬地跟销售员吹嘘自己的过往经历，可销售员这时“无动于衷”，在听完客户诉说后，立马将话题引入到销售中来：“哇，您真的很厉害啊！那您看这个产品还有不放心的地方吗……”使客户兴致大减。

销售员的这一举动无疑让客户内心沮丧，转而觉得销售员诚意不足：只想把自己的产品介绍出去，而不顾客户的真实情感。

但在教练式销售中，销售员除了要做到与客户身体动作同步，语言、语调、语速同步外，还会与客户做到情绪同步。

情绪同步是指销售员在与客户沟通时，照顾到客户的心情和体会。如果客户情绪高涨而饱满，那么销售员的情绪也需要热烈些；相反，如果客户心情郁闷、情绪低落，销售员也要感同身受，情绪低沉一些。当销售员跟客户情绪同步之后，更容易引导对方进入信任空间，因为客户信任你给出来的反应。

在教练式销售中，销售员和客户的关系就像是相声表演一样，销售员需要让客户做“逗哏”的角色，而自己则扮演“捧哏”的角色，要呼应好客户的情绪。一个好的“捧哏”能够让相声表演更为流畅和出彩。销售员要充分顾及客户当下给出的情绪，并做好回应，就能够让客户感受到你的真诚。具体来说，销售员想要和客户做到情绪同步，主要做好以下工作：

（1）觉察客户的情绪

销售员每天会遇到形形色色的客户，每个人的情绪也不尽相同。有的客户情绪饱满，有的客户则情绪低沉，但有些时候客户的情绪表现可能不太明显。

这时候销售员需要建立觉察，了解客户的真实情感。如果一个客户形色匆匆，在咨询的时候神色很是焦虑，兴致不高，销售员需要意识到面前的客户是位低情绪者；如果客户兴高采烈地询问销售员一些信息，在这个过程中表现得很愉悦，那么眼前这位客户是位高情绪者。

除此之外，销售员还需要明白一点，并不是所有开心的客户都是高情绪者，带有明显的怒气和抵触情绪者同样也是高情绪者。不同状态的高情绪者，需要销售员仔细觉察，区别对待。

（2）认同客户的情绪

当一个人有情绪时，无论是积极情绪还是消极情绪，都能够得到别人的认同。人们都希望对方能够了解自己这种情绪产生的动机和意图，相信它是合理存在的，并需要被允许、被承认发泄、被认同的。

因此，当销售员觉察到客户的情绪之后，需要认同客户的情绪，而不是以“事不关己，高高挂起”的姿态与客户隔离开来。只销售产品，而不关心客户的喜怒哀乐的行为，最终也会让你丧失客户。因为客户感受不到你的真诚，自然也不会对你产生信任。

相反，如果销售员在觉察客户的情绪后，在内心先建立好自己理解、认同客户情绪的心理预设，那么接下来的表达会充满人情味，能够积极地让客户感觉到自己的真诚，就像是客户的朋友和家人一样，营造良好的沟通关系，进入信任空间。

举个例子，客户一边挑选项链一边和销售员说："我家儿子要结婚啦，儿媳妇很漂亮，人也很孝顺，还是名牌大学毕业的呢。"

销售员这时如果情绪淡淡地，回应说："哦，是吗？您可真有福气啊。您挑选好项链了吗……"客户肯定能够感受到销售员的敷衍和不真诚，可能客户最终不打算购买。

正确的做法是，销售员首先觉察到客户高兴的情绪，进而认同这种情绪，即客户高兴我也开心；接着销售员需要做出呼应，献上真诚的赞美和祝福："一看您就是有福气的人，真的很祝福你，我跟您素不相识，都觉得很开心呢。现在姑娘才貌双全的可不多啦！这条项链是您为儿媳妇选的吧，您儿子的好眼光真的是随您。"

销售员要和客户同步情绪，要由衷地为客户感到高兴。同时这一番话语既夸赞了客户心中很看重的"才貌双全"，又通过"您儿子的好眼光随您"一下子夸了三个人。

（3）与客户情绪同步

在认同客户的情绪之后，销售员就需要与客户的情绪同步。这就需要销售员能够将自己的反应或情绪给到客户这边，让客户感受到你高兴他所高兴的事情，着急他所着急的事情。让客户能够强烈地感受到你是站在他的同一边的，你是理解他的，你是帮他解决困难的。

一是与客户积极情绪同步。如果客户跟你讲高兴事情的时候，你需要表现出好奇心，提高音调说："后来呢，发生了什么""真没想到，太神奇了吧"、"还有呢，还有呢"等，让客户知道你也在为这件事情而高兴，你很期待故事的后续发展和接下来的安排，让客户说个痛快。

二是与客户消极情绪同步。如果客户跟你说的是他难过的事情，你这时也要配合客户的情绪，要表现出遗憾和惋惜，如“要是我，我也觉得很气愤啊……”“怎么会有这样的人……”“真的觉得很无语，他竟然这样……”等，让客户感受到你正为他着急的事情而着急。

当销售员和客户建立同步情绪之后，沟通会变得更为顺畅，因为你们在同一个频道上，在说着同一件事情，对同一件事情感同身受，产生一样的看法和情绪，销售员会更加信任你，就像他信任自己一样。

6. 和客户的价值观同步

在现实销售中不难见到的现象就是：

一是客户心仪产品 A，可销售员一味地给客户推销产品 BCDE；

二是销售员和客户对同一件产品有不同的看法。例如，客户觉得衣服设计过于前卫，而销售员却认为衣服设计偏向于保守；

三是甚至对同一件产品双方的关注点不同。客户关注产品的价格，销售员关注产品的价值。

深究其中原因，其实这是一种价值观的非同步。

在教练式销售中，销售员除了要与客户做到身体动作同步，语言、语调和语速同步以及情绪同步之外，还需要做到价值观同步。价值观同步属于深层次的、精神层面的同步，这需要销售员做出更多的努力，保持高度的注意力和客户建立价值观同步。

客户的购买价值观是他在选择一个产品时最重要的参考，如果眼前的产品不符合他的内在价值观，那么客户很大程度会放弃这个产品。销售员如果没能了解客户的价值观，就无法和客户建立深度的沟通，无法进入真正的信任空间，促成成交。

和客户价值观同步需要销售员做好以下几项工作：

（1）找出客户的价值观

销售员在现实销售中，如何直接快速地了解客户的价值呢？答案是参考客户的购买价值观，即客户在选择一件产品时，他的标准是什么？他为什么选择购买这件产品？当下购买的价值观是什么？只有客户了解这些之后，才能做好后面的工作。

了解客户的购买价值观有两个重要来源，一是通过直接询问了解得来。这是针对购买动向非常明确的客户来说的。这类客户十分明确自己需要什么，他会直接和销售员讲出他的要求和标准，销售员只要找出能够匹配客户要求的产品即可。

除此之外，销售员也能通过客户的类型来确定，即根据自家产品的特点来看出客户的购买价值观。如果自己销售的产品是经济实惠的，大致可以看出客户的价值观是不喜浪费；如果销售的产品是高端大气上档次的，大致可以看出客户看重的是品质。

二是购买动向不是很明确的。这就需要销售员会问，因为客户很可能不会主动告诉你这些信息。首先销售员不能一上来就询问客户购买标准是什么。因为客户知道一旦对你兜底了，那么接下来销售员就会围绕自己刚才的标准介绍，而规避一些负面或危险的地方。

销售员这时需要有技巧性地提问："您是想看看 ×× 产品吗？""您之前也看过很多类似的产品吧，其实我们这儿的产品也不知道符不符合您的要求？"销售员要以退为进，一句"我们产品不知道适不适合您"会极大地消除客户的防备心理，反而更容易和你建立信任。如果销售员一开始就列出七八条产品的优点，不仅客户记不住，还会让客户觉得你在忽悠人，这些不过是你在销售时的一套说辞。

（2）进入到客户的价值观

销售员消除客户的防备心理之后，接下来就需要进入客户的价值观中。销售员这时需要真诚地跟客户说："为了能够更好地向您推荐产品，我想知道您购买的标准是什么""我在这里工作五年了，对周边店铺也有一定的了解。如果我知道您的需求，可以为您稍稍参考一下……"等，降低客户的防备心理，让客户愿意告诉你他真实的想法和购买标准。

客户如实地跟你说出他的标准之后，销售员就要找到客户最看重的标准是什么。

例如，客户购买一件衣服，第一看重的是衣服的款式和设计，第二是颜色，第三是衣服的料子。销售员在向客户介绍时，不要本末倒置，将对于客户来说第三重要的衣服料子详细介绍，而对客户来说第一重要的衣服款式和设计一笔带过。

如果销售员这样介绍，客户会有两个感受：一是销售员不懂自己，即没有进入到自己的价值观中；二是此产品并不能满足自己的需求。

除此之外，销售员还需要了解到为什么客户会这样排序，为什么客户第一看重的是衣服的款式和设计。销售员从中能够得出哪些重要的信息，这些信息意味着什么。销售员需要深入了解客户的购买价值观和从中反映出来的信息，因为这些是说服客户的关键点。销售员要进入客户的价值观中，重点围绕客户的需求和购买动机，以找到问题的核心。

（3）与客户的价值观同步

在这一阶段，销售员需要认同客户的价值观，即认同客户的购买价值观，并做出同步。

例如，客户出于身份和地位的考虑而购买一辆名车，销售员就需要从车子给人带来荣誉角度入手，认同客户的购买动机，即"确实，车子能够充分地彰显一个人的身份地位，也是一个人品位的象征"。

如果客户想要购买的产品价格较为低廉，并且客户也认定这样的购物方式是非常正确的。销售员需要同步认同："过日子都讲究一个实惠，浪费真的很不应该。"

当客户购买产品看重的是品质时，销售员要做好价值观同步："买产品就是要重视品质，高品质的产品能够给人带来美的感受，提升生活的美感。而一般的产品给生活带来美感的效果则会差很多。"

销售员在了解客户的价值观之后并与客户的价值观同步，会让客户认识到你和他是一样的人，你们能够分享或共享同一个价值观。这个认识会充分给予客户信任感，客户自然也会信任你推荐的产品。

7. 换框法：带客户走出原本框架

在销售中，销售员常常会面临这样的苦恼，即发现自己磨破了嘴皮子说服客户，客户还是无动于衷。其实原因就在于客户给自己构建了一个框架，而销售员想要把客户拉出这个框架其实是非常不容易的。

因为客户总是信任自己的选择和感受，信任自己给自己的规定。销售员的费心劝说在客户看来不过是"别有心机"。甚至销售员说得越多，客户就越不会做出自己的改变。

而在教练式销售中，销售员不会费尽心力地将客户拉出他所建立的框架，而是使用"换框"，带客户走出原本框架。换框法是教练式销售员使用的一个非常厉害的手段，它能够改变客户的想法，用一个优势换客户脑海中的优势，进而实现成交。

教练式“换框法”有一个很知名的案例。意大利有一家电信公司推出了一项新业务，但是不断地有大量的客户取消这项业务，这让公司十分头疼。于是电信公司告知客户：“如果继续接受服务，则可获得100次免费通话。”可问题还是没能很好地解决，因为客户似乎并不想要这100次免费通话。

这时，他们找来了一个营销高手。营销高手建议他们把“如果继续接受服务，则可获得100次免费通话”改为“我们已经向您的账户赠送了100次通话，您打算如何使用呢？”

结果发生了神奇的变化，许多客户为了不失去他们已经拥有的“100次免费通话”的机会，而继续接受了这项服务。

事情还是那个事情，最后之所以能够解决客户退订的难题，是因为营销高手使用了“换框法”。在那种情况下，客户给自己的框架就是“要不要退订”“此项服务会不会划算”，而营销高手巧妙地将“要不要退订”“此项服务会不会划算”换到“如何使用免费通话”的框架中来，这时客户已经感觉到自己享受到了大便宜，自然也就接受了这项服务。

在现实销售中，销售员通过“换框法”能够解决问题的症结点，不用使出全身的力气去解开那个难以解开的死扣，而要避开死扣，用其他有价值的东西吸引对方，用对方能够接受的、有益于对方的说话框架，换到另外一个空间来。

具体来说，销售员可以做到以下几点工作：

（1）了解问题的症结处

在教练式销售中，销售员需要使用好“先跟后带”技术来让客户进入到信任空间里。销售员在使用换框法时，首先需要了解问题的症结所在，即客户在抗拒什么。

客户的抗拒就像是一池子混浊的水一样，如果销售员使劲在同一个池子里搅动，只会让混浊越来越深，纠结点越来越大。聪明的销售员会换一个干净的、具有吸引力的池子，引导客户看见这个干净的池子，并愿意到干净的池子中来，而不是将目光还停留在混浊的池子里。

在现实中，客户的抗拒有多方面的原因，如价格、服务、质量、需求等，这些都能成为客户抗拒的理由。销售员不要把客户的抗拒视为大敌，认为是不可改变因素。其实客户的抗拒是非常正常的一件事情，而了解抗拒则是为接下来的换框做好准备。

销售员如果想要顺利换框，首先要了解到客户在抗拒些什么。例如，客户因为产品价格昂贵而迟迟不愿成交，这时销售员和客户一味地纠结于产品价格上，告诉客户“物超所值”“产品价格其实并不贵”等，还是无法说服客户。销售员这时需要使用好“先跟后带”技术，先肯定此产品可能比同类产品要贵一些，但是此产品的档次、品质也是高出同类产品的，这是“先跟”。“后带”则是销售员将客户引导到自己建立的框架中，给客户指出“买一个质量好的产品，就是买来了安心和放心”。

教练式换框的第一步即了解事实，了解问题的症结处即可，不可跟客户就症结处越说越多，让死扣越来越紧，直至客户磨光了所有的耐心。

（2）顺利换框

销售员如果和客户一味地纠缠在症结处，是无法实现双向说服的，这时销售员需要引导客户关注新的解决方法，即抛开症结不管，换到另外一个框子里面。

例如，客户觉得产品价格贵，这时销售员说：“这价格已经是优惠价了，不过我们这边正在做活动。您的产品刚好满了 199 元，所以我们这边赠送一个大礼包”“这款产品是不打折产品。但我们店内有这样一个活动，购买此款产品的客户再购买一件其他产品能够享受 7 折优惠”，销售员将“价格”的框子换到了“优惠”“礼包”的框子里来，让客户关注到了自己额外的利益，而不是产品本身的价格。

这也就是为什么店铺会有满 299 元领 30 元红包、购买两款产品以上享受折扣福利的活动，其实这都是商家的“套路”。导致的结果就是往往客户宁愿多买些产品，不管产品是否需要，只是为了能够“凑单”成功，享有折扣。

这也是商家巧妙实施的一个换框法，即带客户走出原本的框架，而销售员为什么能够换框成功，是因为他能够抓住客户的心理，即希望获得优惠。究其本质来说，客户喜欢的可能不是占便宜，而是占便宜的感觉。

第5章 深度倾听：听出对方没说什么

80% 成交是要靠倾听完成的，仅有 20% 是靠嘴巴来讲解的。深度倾听在教练式销售中起着至关重要 的作用。

1. 销售一定要会倾听

在传统的销售观念中，“销售员一定要会说”。这句话没错，良好的口才在销售中确实起着重要的作用。但销售绝不仅仅要“会说”，更重要的是要“会听”。

传统式销售员往往将销售定义为“费尽口舌地说服”，仿佛只要自己一味地向客户说服，就能实现成交。这个想法很片面。

而在教练式销售中，销售员需要具备一项很普遍也很重要的能力，即倾听能力。教练式销售员相信，80% 的成交是要靠倾听完成的，仅有 20% 的成交是靠嘴巴来讲解的。做销售一定要会倾听，要会倾听客户说出口的话，还要会倾听客户没说出口的话，要听出对方想说却没说的，倾听客户的言外之意。

乔·吉拉德被称为是世界上最伟大的推销员，人们问他为什么能够获得如此大的销售成绩，他的成功秘诀是什么。

乔·吉拉德回忆了一个影响其终生的故事。

有一次，乔·吉拉德向客户推销，双方交谈得很顺利。可快要成交的时候，客户变卦了。

乔·吉拉德一头雾水，内心十分不解。于是乔·吉拉德决定拜访这位客户，想问个明白。客户看到乔·吉拉德确实是真心询问，于是告诉了他实情。

客户说："我最终拒绝了你，其实和产品没有一点关系。导致失败的原因在于自始至终你都没有听我好好说话。当我打算签合同的前一分钟，我跟你说我唯一的孩子即将要上大学了，我十分有兴致地提到了他的运动成绩和理想抱负。你要知道，他是我的骄傲和希望。可是你当时并没有什么反应，也没有真诚地替我感到高兴，甚至还用手机跟别人通话。所以那一刻我忽然改变了主意。"

也正是因为这个事件，让乔·吉拉德意识到了倾听的重要性。因此在后来的销售活动中，乔·吉拉德始终将"倾听"践行在自己的工作中，所以他收获了越来越多的客户，回头客也很多。最终成就了乔·吉拉德。

无独有偶，日本的"营销之神"松下幸之助被问及他的营销哲学时，他只简单地概括为一句话，即"首先要耐心倾听他人的意见"。

乔·吉拉德和松下幸之助在销售上能够获得如此巨大的成就，这跟他们会"倾听"是息息相关的。销售员如果希望自己在工作中做得更为出色，就要学会倾听。做销售，一定要会倾听。

在销售中，懂得倾听客户是一门重要的学问，往往能达到事半功倍的效果。

首先，倾听是将客户放到了主要位置上，销售员无形中扮演着一个倾听者的角色，能够让客户感受到销售员更多的诚意与尊重。

其次，销售员能够从倾听中了解到更多的客户信息，如客户的需求、标准、苦恼等，进而找到关键信息，并就关键信息对客户展开说服，帮助客户解决问题，更容易实现成交。

最后，深度倾听会让销售员关注到客户的情绪和心情，以及话语背后真诚的意图，而这些是销售员用嘴问不出来的。倾听在销售中起着非常重要的作用，销售员需要做好以下准备，以使倾听具有价值。

（1）全神贯注地倾听

销售员在倾听的时候，要做到全神贯注，即全身心都要投入进去。在倾听的过程中，全面调动好自己的眼睛、耳朵、嘴巴、心灵去聆听客户到底在说什么，客户想说什么、客户话语背后深刻的含义，这些都是需要销售员在倾听时了解的重要信息。

例如，客户在说出靠近他心理的话语时，他的表情、动作、眼神会不一样，或许会云淡风轻地一笔带过，但是销售员却不能错过这些关键信息。

同时，销售员在保持全神贯注倾听的时候，需要做到耐心而专注，不要晃神或做小动作，让客户感觉到你的不耐心。只有专注才能听懂对方在说什么，也会鼓励对方说出更多的内容。

（2）保持好奇心地倾听

销售员在倾听客户说话的时候，不能只为了“听”而听，即只把注意力放在客户到底在说什么，而不去思考；甚至像个木头桩子一样“定”在那里，什么话也不说，不给予任何回应。

确实，销售员在倾听的过程中，轻易插话，或妄加评论，甚至立即反驳，这些都是不好的行为。销售员在倾听的时候，应该保持好奇心。一方面，能够让客户感受到你对他的表达很感兴趣，客户的情绪和心理感受受到了正视，会进一步融洽双方的交流氛围；另一方面，当销售员建立起好奇心倾听时，会关注到以平常心倾听所关注不到的信息和内容，会激发客户说出更多内容。

因此，销售员在倾听的过程中，适度地表达出“然后呢”“接下来呢”“后来还发生了什么啊”等，保有好奇心地倾听，引导客户给出更多的反应。

（3）真诚、平等地倾听

真诚、平等在倾听中起着十分重要的作用，它甚至决定着谈话的质量。优秀的销售员不会为了达成自己的目的而建立不真诚的聆听。同时，不真诚的聆听是能够被客户感知出来的，客户自然也就不会对你吐露真诚的心声。销售员在聆听的时候，需要真诚、平等地聆听。

首先，真诚倾听需要销售员在聆听的时候，能够站在客户的角度去思考，而不是以己之见去评价甚至定论客户的行为，要心平气和地等客户把话说完，即便客户说了一些你不爱听的话。

其次，真诚聆听要尊重客户，与客户间建立平等的态度，才能让客户对你敞开心扉，尽情地表达出内心真实的想法，并渴望得到你的帮助。

2. 倾听的三个层次

人们往往会按照自己的方式去倾听对方，例如喜欢凭着主观意识去揣测他人的意图，致使信息失真，不能很好地发挥出倾听的作用。

在教练式倾听中，倾听被分为三个层次。一是以自我为中心建立倾听；二是以对方为中心建立倾听；三是高效倾听。

在这三个层次中，销售员要积极向“以对方为中心建立倾听”和“高效倾听”靠拢，发挥出倾听的价值。

（1）以自我为中心建立倾听

以自我为中心建立倾听模式，表现为以下几点：

一是销售员在倾听的过程中，虽然耳朵在听，但是大脑还是以自我为中心展开思考。常常以自己的想法去定义客户的想法和表现，带着主观意识去评判客户的行为，不能抛开预设立场。

二是销售员在倾听时，不能做到全神贯注，他会以自我感受为主，常常会打断客户或纠正客户的看法，或者表现出一些小动作，如眼神飘忽、表情不耐烦等。

三是销售员会基于自己的观念和看法去理解客户的话语，听到的内容都是脑海中已经既成的印象，很难听到新的信息和内容。

举个例子，客户跟销售员说："我购买这辆好车是出于面子的需要，因为我马上就要升职了……"销售员以主观倾听会认为客户"爱慕虚荣"，而不去理解客户是为了升职和身份的需要去购买好车。

以自我为中心建立的聆听可能一开始并未被客户发觉，但随着交谈的深入，客户就能发现销售员在倾听中无法克制的主观、自大。因此，销售员在倾听的时候，需要抛开主观看法和观点，静下心来，全神贯注地倾听客户的表达。

（2）以对方为中心建立倾听

以对方为中心建立的倾听模式，表现为以下几点：

一是在倾听的过程中，能够以对方的感受和表达为主，并站在客户的角度去聆听客户的情绪和心情，销售员会全神贯注地聆听客户的话语，并注意抓住对方话语中的关键信息。

二是销售员会照顾客户的心理感受，希望对方能尽情地表达自己的看法。倾听时会鼓励对方，如点头应和、真诚的微笑、耐心的动作等。不会带着主观意识去片面理解客户的话语，更不会轻易地提出反驳甚至批判。

这种倾听模式能够让客户感受到真诚与善意，同时在一定程度上感觉到自己已为对方所理解，会受到极大的感染。因此，客户的表达更为仔细和全面，往往能够说出更多的内容。

例如，客户和销售员说到自己以前购买产品被欺骗的经历，这时销售员说："要是我，当时肯定也特别气愤……""后来呢，事情是怎么解决的……”等，能够对客户的行为和经历感同身受，并表达出自己的情感，让客户感到你在认真听，他的话没有白说。

在纽约的一个电话公司，曾经遭遇到一个咒骂接线员的客户，他拒绝支付某种他认为不合理的费用。无论工作人员怎么劝说都不听，并且声称要去各种媒体投诉这家公司，情况一时非常紧张。

后来，公司派了一位善于调解的销售员去访问这位性格暴戾的客户。这位“调解员”什么也没做，只是静静地聆听着，让这位客户尽情地发泄出他的牢骚，并对其表现出深切同情。“调解员”听着客户喋喋不休地说了差不多三个小时，后来又去拜访了四次。

在这四次拜访中，“调解员”还是什么都没做，只是保持静听，并同情客户说出的任何一点。“调解员”也没有像电话公司其他人员一样同他谈话，表达出自己的解释和看法，所以客户的态度渐渐转变了，甚至到后来变得友善了。

同时，“调解员”去拜访客户的目的并非从一开始就显露出来，在第一、二、三次拜访的时候，“调解员”并未提及半点信息。而等到第四次的时候，“调解员”结束了这一案件，客户付清了所有的账单，并撤销了对电话公司的申诉。

性格暴戾的客户之所以愿意支付账单、撤销诉讼，是因为“调解员”能够认真倾听客户的情绪，即便客户的情绪是消极负面的，销售员还是能够静下心来听客户把话说话，并认同客户的感受。当客户把自己的牢骚和委屈发泄完之后，也深刻感受到了销售员的耐心和真诚。问题的关键点被化解了，自然就得到了有效解决。

（3）高效倾听

高效倾听是指销售员在倾听的过程中，不仅能够倾听出客户表达出来的内容，还能倾听出客户没有说出来的话语，即倾听出客户话语背后真实的意图和动机，了解客户的真实诉求。

首先，销售员不仅会倾听对方的言语表达，还会关注到客户的肢体动作、语调、语速、情绪等，了解客户的真实情感。更重要的是，销售员会深切关注客户说出这番话语的真实动机和意图，能调动全方位的理解能力了解客户话语的前因后果，并站在客户的角度充分理解、整合这些信息。

其次，销售员会积极地换位思考，抛开偏见，带有支持性地理解客户的心情和感受。当客户有难言之隐的时候，销售员能够了解到客户真正想表达什么，想解决什么问题，从而与客户建立起信任和默契。

举个例子，有时候销售中会出现这样一种情况：客户好像刚想起来似的，说了一句："我刚想起来……"或"我顺便说一下……"这些看似漫不经心，其实往往是客户最看重的事情。高效倾听的销售员能够及时地意会到客户接下来话语的真实意图和动机，解决客户在乎的问题。

3.什么是深度倾听

在教练式销售中，销售员需要建立深度倾听。深度倾听是指销售员不仅要听到客户表达的字面意思，还需要站在客户的立场倾听客户语言背后的情绪、需求、意图等，能让客户感受到尊重、理解与信任。

深度倾听在教练式沟通中占据着重要的位置。具体来说，有以下几点好处：

首先，深度倾听不仅能够让销售员聆听到客户话语的表层含义，还能听出客户未说出口的话语，了解客户话语背后的真实动机和意图。

其次，销售员在深度倾听时，会调动自己的眼睛、嘴巴、耳朵、心灵和大脑一起去聆听，全方位地聆听客户的情绪。

再次，深度倾听使销售员站在客户的角度去理解客户的话语，能够共情地倾听，表达出更多的真诚，引导客户做出深层次的沟通。

最后，当销售员建立深度倾听时，销售员会更有方向地去帮助客户解决问题，了解事情的始末，像帮助自己一样去帮助客户，了解客户内心的情绪和需求，为下一步解决问题创造条件。

例如，客户和销售员说："这个产品我很喜欢，但我还是觉得太贵了。"

销售员回答说："除了价格之外，您对这个产品没有别的疑惑了吗？"

客户："是的。"

销售员："您觉得产品在什么价位，您能接受呢？"

客户："不高于500。"

销售员："也就是说，如果现在产品降低100元左右，您就能接受。那我能问一下您买这个产品的用途吗？"

客户："我是打算送人的，他是我很重要的一位朋友。过些日子他就要过生日了。"

销售员："是这样啊，您是非常想送他这个礼物吗？还是也可以参考别的礼物呢？"

客户："其实我就想购买这个礼物，这是因为他最喜欢这个设计。"

销售员："确实，送对方礼物最好是能送他喜欢的，而不是送自己想送的礼物。我都能想到他打开礼物时的惊喜样子了，肯定很开心。这个礼物比你预算要高出100元左右，其实我很想说，生日一年一次，我知道你自己内心其实很挣扎，同时我十分尊重你的想法。我能体会到你的心情，您是我们这边的常客。要不这样，我去问问我们经理，看能不能给您一些折扣……”

客户喜出望外：“真的吗？真的是太谢谢了，如果很为难的话，就不用了。”

最后，销售员为客户争得了对客户来说很小的折扣，但客户还是心满意足地下单了。

销售员在与客户沟通的过程中，建立了深度倾听，了解到客户购买礼物的动机和客户当时的心情和情绪，并对客户的经历感同身受，积极地给予帮助，既营造了良好的沟通氛围，又得到了客户的理解。这就是深度倾听带来的良好效果。深度倾听在教练式销售中能够帮助销售员更好地解决销售难题，提升沟通效果，进而促成成交。销售员在做好深度倾听时，需要做好三方面工作：

（1）听话

美国著名心理学家卡耐基曾经说过：“一对敏感而善解人意的耳朵，比一双会说话的眼睛更讨人喜欢。”上帝给了人们两只耳朵，却只给了一个嘴巴，就是告诉人们要多听少说。听话是初级阶段，是建立深度倾听的第一步。销售员在向客户推销时，往往没有耐心去关注客户想说什么，而将全部火力放在如何说服客户上。

因此，销售员在与客户沟通时，要克制住自己强烈的倾诉欲望，应该将话语主动权交给客户，自己则扮演一个“倾听者”的角色，要耐着性子等客户把话说完。

（2）听音

常言道“听话听音”。销售员不仅要会听话，还要听懂客户话语中潜藏的意思。

例如，当客户说“别人家的同类产品，比你们家的要便宜，而且还有优惠”时，客户这句话深藏的含义是暗示销售员降价、送优惠。

当客户说“购买产品我一个人说了不算”时，销售员就需要及时意会到客户可能对目前的价格还心存不满。

当销售员并不能及时领会客户话语中的真实意图，或半天理解不了客户到底想表达什么时，需要做好以下几点准备：

一是销售员要倾听全部，不要听到一半时就试图猜测客户想表达的意思，更不要匆忙下定论。

二是销售员需要在倾听的过程中，整理出一些关键信息。而关键信息的判断则是依据客户的需求和标准。

三是销售员在倾听的时候，需要注意客户表达时的语速、语调、情绪等，因为这些往往能反映出客户最在意哪部分。

举个例子，客户在谈到价格时，明显情绪比之前要激动，语调增高，语速加快，这些都能“泄露”出客户的情绪。

（3）听心

听心是深度倾听的最深层次，它需要销售员敞开心扉去倾听客户的话语，不带有任何偏见，以心换心，真诚地了解客户的想法，帮助客户解决问题。

首先，听心需要销售员能够对客户所处的位置感同身受，试着去理解客户的情绪，并且让沟通在轻松友好的氛围下展开。

其次，当客户提出不合理的要求时，销售员需要有选择性地接受，既不全面否定客户的意思，又不盲从，而是选择一个折中的办法。

最后，销售员在倾听的过程中需要建立自己的思考，这里的思考不是过分揣测客户的意图和动机，而是思考如何能想出积极的解决办法，帮助客户解决问题。

4. 深度倾听的3R步骤

在上一节，我们了解到什么是深度倾听以及深度倾听在销售中的重要价值。而销售员在建立深度倾听时，能够借助 3R 步骤来帮助自己更好地达成预期目的，提升倾听效果。

3R 分别是接收（Receive）、反应（Reflect）、复述（Rephrase）三个单词的首字母。即首先要接收到对方的表达，其次对对方的表达做出适度的反应，最后通过复述的方式让对方知道你听懂了他的意思。

在一次销售活动中，当客户跟销售员讲述自己购买产品的原因时，由于涉及自己的过往经历，所以客户的兴致正浓。但是销售员明显对客户的经历不感兴趣，但碍于双方之间存在利益关系，所以销售员假装在听，并且投入到这段交流中。

在聆听的过程中，销售员的心思并不完全在客户的话语上。客户在讲述自己的这段经历时，销售员给出的反应也很冷淡。

当客户兴高采烈讲述的时候，销售员淡淡地回了一句“是吗？”顿时浇灭了客户所有的热情和耐心，客户闷闷地回到了正题上，接着和销售员讨论产品问题。

交谈的最后，销售员向客户确定，“您刚刚的意思，是想要这个颜色的不同款式是吧？”客户冷淡地回了一句：“不是，您理解错了，这个产品我不打算买了。”

销售失败。

案例中的销售之所以失败是因为销售员在与客户沟通时，并没有好好地倾听客户的表达，也没能从客户的话语中接收到重要信息，更没有就客户的表达做出回应。所以在向客户复述的过程中，自然就不能契合客户的心意，所以交易失败。

深度倾听的3R步骤能够让销售员明确自己在倾听时需要抓住的重点内容，让深度倾听落到实处，更好地发挥作用。具体来说，销售员在每一步骤需要做好以下工作：

（1）Receive（接收）

在接收这一步骤中，销售员需要清空自己去接受客户的观点，要做好倾听的准备。

首先，销售员在接收客户信息的时候，需要抛开判断，不要带着先入为主的思想去接收客户的信息。这样接收的信息，是不客观、不完整、不真实的。抛开判断就是要先听后结论，而不是先结论后听。

其次，销售员在接收信息的时候，态度要真诚、友好，能够集中注意力去听客户在表达什么，不要出现不耐烦或思想开小差等现象。

最后，销售员以一种包容和开放的心态去接收客户的表达，敞开心扉去聆听，包括客户的情绪、脾性、价值观等。不要只听符合自己信念系统的那部分内容，而要让信息更为立体、饱满。

（2）Reflect（反应）

在反应这一步骤中，销售员需要明确地让客户知道我在倾听，并表现出一些行为来让对方真实地感受到自己的倾听。

首先，销售员需要保持一种良好的倾听姿态，如身体微微前倾、眼神专注、真诚地微笑等，避免做出抱着胳膊、跷着二郎腿、目空一切等动作。

其次，除了身体动作的配合之外，销售员还需要表现出简单回应，如“哦”“原来是这样……”“然后呢”“嗯，我明白”等，让客户知道你在认真倾听。

同时，销售员还可以通过提问的方式表现自己的反应，如“你刚刚所说的 ××，能够再说一遍吗”等，让客户觉得现在你是他最重要的人，你的时间和精力只为他一人而存在，让客户有足够的空间和心理准备去尽情表达。

其次，销售员在回应的时候，态度要真诚，而不是冷冰冰的、不带感情的回应；必要时，你还需要对客户说出来的一些信息进行及时反应。例如客户喜欢落地窗，这时销售员可以进一步反应：“确实，早上阳光洒下来的时候，一定很美。”适度地跟客户共鸣，是一种很真诚友善的回应。

最后，销售员的反应应是接受对方观点的回应，尊重客户的观点，让客户知道你不仅在认真听，而且还很认同。虽然销售员不一定全然同意客户的观点，但是一定要给予客户充分的尊重，与客户建立积极融洽的关系，也能够鼓励客户，勇敢地表达出内心真实想法。

（3）Rephrase（复述）

在这一阶段，销售员需要将自己所理解的内容向客户进行确认，以确保自己正确地理解了客户的话语，与客户产生共鸣。确认是倾听中的一个重要环节。

首先，确认能够进一步表现出销售员在认真倾听，并对客户信息保持好奇心。

其次，确认能够消除误解，增强理解度。销售员把自己理解的客户信息说给客户听，理解失误的地方能够得到及时的修正，更好地解决客户的问题。

最后，销售员在向客户确认的时候，需要基于以下四个要点：

一是销售员需要就关键信息进行确认，如果句句确认则显得聒噪而无趣。

二是销售员要将使自己迷惑的内容向客户进行确认，以免误会客户的意思。

三是销售员需要以平等、包容的心态去确认，而不是高高在上，只确认不采纳。

例如，客户说："不对不对，我说的不是这个意思""你完全理解错了""你怎么会这么理解我呢"等。销售员仍然需要抱着平稳的心态，真诚地再次向客户征询他表达的真正含义，"不好意思，我误会了您的意思"，而不能因为客户不理解的态度就心生抵触。

四是销售员在确认的时候需要抓住时机，不能贸然打断客户的表达，而要有技巧性地插话，要注重客户表达间的空隙，例如，客户刚结束上一段表达，即将要开启下一段叙述时的空隙。

5. 如何在倾听中接收

深度倾听是由 3R 步骤组成的。如果销售员希望建立有效的深度倾听，就需要懂得如何在倾听中接收、反应和复述。在每一个小环节中，都有销售员需要关注的点。只有了解每一个小环节的功能作用，才能呈现出最佳的深度倾听。

首先，我们来了解如何在倾听中接收。这里的接收是指接收客户的信息和表现（如表情、动作、眼神、情绪等），在这个过程中，销售员不是被动地接收，而是要有能力、有目的性地接收信息，才能让倾听更有价值。

具体来说，销售员在接收时需要做好以下工作：

（1）消除干扰

销售员在接收客户信息时，需要消除外在和内在的一些干扰。其中外在干扰包括嘈杂的环境、客户不佳的心情、身体病痛等；而内在干扰是指销售员对客户形成的先入为主的观念，常常会预设立场，甚至通过客户的穿着打扮、姿态、品位来判断对方的性格和人品，这些都是妨碍倾听的主要因素。

销售员在倾听客户、接收客户信息时，需要消除干扰，既不能让外界影响要素妨碍自己的倾听效果，更不能让内在干扰因素影响自己真实的判断。

销售员在倾听之前，就需要建立真诚、开放、包容的心态，不以自己的好恶来判定客户。如果销售员凭着主观臆断来倾听客户，那么接收的信息就是失真的，并不代表客户真实的心声。

因此，销售员在倾听的时候，只有将注意力放在对方身上，而不是放在外在缓解和自己的情绪上，才更容易进入状态，知道对方在说什么、没说什么，对方表达的真实想法和意图是什么。只有这样，销售员在接收信息时才会有方向、有目的、有结果。

（2）保持放松平和的心态

销售员在接收客户信息时，需要保持高度的注意力，但是也需要在轻松自然的氛围中倾听。销售员只需要全身心地投入到倾听中，但不能将神经绷得太紧，否则会适得其反。

举个简单的例子，就像是参加一场考试，学生为了考取好的成绩而希望自己能够保持高度专注，可最后专注力都放在了如何让自己保持专注上，而无法集中注意力在试题上。在倾听中同样如此，销售员如果过度紧张，也是不能做好倾听工作的。

因此，销售员在倾听客户的时候，需要在内心建立起“拉家常”的心态，保持平和的心态去倾听。当销售员能够在一段倾听中获得享受，会更明白自己听到了些什么。

（3）接收关键信息

倾听关键信息能够帮助销售员更好地了解整个事件，不会把时间和精力浪费在细枝末节的问题上，更不会错失主要内容。

首先，在倾听的过程中，销售员不需要将注意力放在客户表达出来的每个信息上，而是要接收关键信息。关键信息是能够推动销售进展的、是关乎客户需求和利益的、能显示客户情绪的等，销售员从关键信息能够看出客户的兴趣。

其次，接收关键信息也能帮助销售员决定如何响应对方。销售员在反应的时候，能够抓住重点内容和信息，也知道自己想了解什么、想问什么，而且还能让对方知道你真的在倾听他说话，你对他的表达很感兴趣。

（4）非必要的时候，不要打断对方

一个人表达需要连贯性，如果对方贸然打断，不仅会中断语言，还会中断对方的情绪。一旦情绪断裂，再进入到表达中，情绪会消减大半。

因此，销售在接收客户信息时，非必要的时候，不要轻易打断客户，以免中断客户的逻辑、思维、情绪、情感等。同时，在接收信息的时候，打断别人也是一种很不礼貌的行为。如果客户计较，那么销售员的形象会降低，而且客户在接下来的表达中失了心情，会极大地降低自己倾诉的欲望。

因此，销售员在倾听时，要强烈地克制住自己随时打断别人的欲望，耐心地等客户把话说完。如果碰到自己确实没能及时领会又觉得很重要的内容，销售员要等客户说完一段之后再提问，而不是立即提出自己的质疑。

（5）不要过早地表达自己的看法

销售员在接收信息时，如果对客户过早地表达自己的想法，如“您怎么会这么想……”“我觉得你应该……”“这种情况持续多久了……”等，都会妨碍客户的表达，进而影响自己接收信息的效果。

正确的做法是，当客户在倾诉的过程中，需要销售员发表意见或认同的时候，销售员可以表达出自己的一点看法。在表达时，销售员态度需要真诚、友善，能够从客户的角度出发，与客户感同身受，而不是一味地反驳、批评等。

（6）做好总结工作

销售员在接收客户信息时，受客户表达习惯的影响，所以信息往往不具有强烈的逻辑性，这就需要销售员在接收信息之后，要做好相应的总结工作。

首先，销售员需要整理出客户这一系列表达的逻辑重点，去除无关紧要的内容。

其次，在总结的时候，销售员要明确自己有哪些想要进一步提问、复述的内容，最大限度地了解客户的表达。尤其要整理出自己不太确定的内容，进一步征询客户的建议和意见，让客户知道你把他的话放在了心上，确实是为了解决他的问题。

6. 如何在倾听中反应

当销售员在倾听中接收到客户的信息后，还需要做出反应。反应是在深度倾听中很重要的一个步骤，一方面能够向客户表达自己的想法和观点，另一方面也充分显示出销售员在倾听时做到了认真聆听，聆听客户的情绪和真实想法。这些都能使双方的关系实现进一步沟通。

（1）反应要真实

销售员给出客户反应的时候，需要保持真诚而真实的态度，能够让客户很直观地感受到你投入到了沟通里面。不少销售员给出的反应其实是一种假象，因为他用耳朵在听，却没有将客户的话语、情感纳入到思考中，给出来的反应要么浮夸，要么就是不走心的，并不能友好推动双方的关系。

首先，销售员给出的反应要真实真诚，是建立在与客户平等交流的基础上的，不要将注意力放在如何展现高超的话术上和表现优雅得体的外在形象上。

其次，销售员在面向客户的时候，需要真诚地传递出眼神信号、微表情信号、肢体动作信号等。只有真诚真实，才能让这些反应变得具有价值，让深度倾听更能发挥效果。

（2）给出你的信号

在深度倾听时给予客户反应，即销售员要通过具体的行为让客户知道你正在倾听。当客户在表达时，销售员需要控制好自己的表情、眼神、肢体动作、姿态，让这些信号成为你反应最好的帮手等。

首先，销售员的表情要自然真诚，而不是严肃不语、冷淡疏离。销售在聆听的时候，要营造亲切自然的环境，让客户觉得和你谈话很安全，你值得被信任。

其次，销售员需要用真诚的目光注视着客户，与客户形成眼神接触，让客户从你的眼睛里感受到鼓励和善意。当客户需要认同的时候，销售员可以采用点头、适度鼓掌等方式应和客户的表达。

最后，销售员的肢体动作也要传递出友好的信号，通过身体微微前倾而不是身体后仰、斜向面对客户而不是背离客户、自然地打开双臂而不是抱着胳膊等，销售员要积极地通过自己的肢体行为给出客户反应，让客户能够安心地说出他想说的，不会产生太大的心理压力。

相应地，销售员还可以与客户建立肢体同步，让客户知道你对他所处的环境和心情感同身受。

举个例子，客户在说到自己被骗的经历时，眉头微锁，拳头攥紧并放在胸前，销售员也需要神色微微显现出着急，手部的动作与客户同步，进入到客户的频道中去，让你的表情、动作成为你给出客户最真实的反应。

（3）语言要精准

销售员在倾听的过程中，除了要做好非语言反应，还要做好语言反应。语言反应是需要技巧的。销售员需要做好以下工作：

第一，销售员需要有技巧性地总结客户的话语，补充客户心中的语言，让客户知道你与他感同身受。

举个例子，客户和销售员说自己很喜欢去咖啡店看书，销售员这时反应道："确实，点一杯咖啡，看一本自己喜欢的书。这时候如果暖暖的阳光洒下来，一切真的妙不可言啊！”这是销售员对客户的情感感同身受，能够说出客户内心隐藏的话语，让对方知道你听懂了他。

第二，销售员在反应的时候，需要反应到“点”上，即抓住重点问题对客户进行反应。如果总是反应旁枝末节的问题，不仅会耽误时间，还会消耗彼此的耐心。

例如，当客户跟销售员说：“我想要购买这款产品，但是钱不够。”这时销售员需要理解客户的言外之意，即客户希望能够以自己现在所带的钱购买这款产品，这时销售员需要进一步倾听客户的动机，如果真的是因为钱带得不够，那么销售员可以为客户保存这个产品一天的时间或者让客户先交定金再补上尾款；如果只是客户单纯地不想花那么多钱来购买这款产品，销售员也需要和客户讲明原因。

第三，销售员在使用语言给出自己反应的时候，需要有侧重点，不能事事都询问，更不能为了满足自己的好奇心而去打探客户的隐私。针对关键信息给出自己的反应，例如当客户在叙述过程中对报价有疑惑时，销售员就需要根据报价与客户展开讨论。

（4）接受客户的观点

销售员在倾听中给出反应，还有很重要的一点就是表达自己对客户的认同。

首先，销售员需要接受客户的观点和心情，不能以自己的主观判断和感受去断定、评判客户的行为。反应带着理解和支持，更容易让对方感受到你的真心，也更能够得到对方的解答。

例如，客户在跟你提到产品的缺点时，销售员立马表现出不耐烦，并且十分不悦地打断客户的话语：“不会的，我们家的产品大家用了都说好，不存在你说的这些情况。”使用这种语气和态度对客户的话语进行反应，并不能解决问题，反而会火上浇油。

教练式销售员在反应式倾听的过程中，即便你不认同，也不要直接给出你的反对和建议。因为你和客户不是辩论赛竞争的对手，就算最终证明你是对的，或者说服了客户，但你也成功地将双方间信任融洽的关系破坏了，这样的回应没有价值。

其次，销售员还需要对客户给出的暗示做出反应。

例如，客户说：“我看别家的同类产品好像都有福利。”客户在暗示销售员送礼物，销售员这时也要给出自己的反应，如果只是逃避，假装没听见客户的暗示，只会将事情引入到另外一个局面中。

销售员要响应客户的暗示，不过也要注意以下几点：

一是有时客户的暗示并不明显，销售员也不能进行过分解读，以便误解客户的意思。

二是销售员既然不能过度揣测客户的话语，就可以真诚地让客户把话说得更直接一点，自己先建立坦诚的态度，便于双方沟通。

7. 如何在倾听中确认

有时候销售员听完客户的表达，可能并没有深刻地领会到客户的意思，甚至误解了客户的意思，或者遗漏了重要信息等，从而降低了沟通的效果。为了避免这种情况出现，销售员需要进行确认。

销售员除了要做好接收、反应的工作外，还要做好确认的任务，这也是倾听中一个重要的环节。它能够让销售员的倾听更有效率，能够抓住重点、了解重点，并在双方间通达重点。倾听中的确认是指销售员要真正理解自己所听到的内容，与客户产生共鸣。

首先我们需要了解销售员需要在倾听中确认哪些信息：

（1）关键重要的信息

销售员在向客户确认的时候，需要就关键信息进行确认。关键信息是不能忽视的，需要得到双方的认可，在客户表达完之后，销售员有必要向客户再确认一遍，以达成默契，也能直击问题核心，解决最重要的问题。

（2）让自己迷惑的地方

除了要确认重要关键的信息外，销售员还需要将自己迷惑的地方向客户进行确认。如果销售员不懂装懂，明明没有理解客户话语的含义，却不进行及时的确认，只会在接下来的销售活动中错得更多，甚至会让客户质疑你刚才并没有认真听他的话。

相反，如果销售员能够真诚地就让自己迷惑的地方向客户进行确认，会赢得客户的好感，客户也会竭尽所能地跟你解释，双方更易产生共鸣，关系融洽。

（3）需要确定的重要细节

销售员在向客户确认的时候，对一些细枝末节的问题可以省略，但并不意味着所有的细节都是不重要的。销售员需要就重点细节问题向客户确认。细节问题包括产品的售后服务、付款方式等。还有一个很重要的细节问题需要销售员格外留心，就是客户装作无意提起的一句话，例如客户说：“对了，你们这里……”，其实不过是客户用来掩饰自己真实想法的一种询问方式。

销售员在了解到自己想要确认的内容之后，就需要使用合适的方式进行确认。确认也需要销售员掌握正确的方法。具体来说，销售员需要做好以下几项工作：

（1）使用封闭式问题来确认

销售员在向客户确认的时候，需要使用封闭式问题来确认。封闭式提问的好处在于销售员能够直接地获取自己想要了解的信息，更快速地得到客户的答案，会节省时间和精力。用现在的话来说，就是“多些真诚，少些套路”。

在确认时，销售员可以使用以下句式，如“您的意识是说……对吗”“如果用这种方式……处理，您会更满意，是吗”“您好像更倾向于……，是吗”等，销售员要多使用“是吗”“对吗”等询问方式，直接明了地向客户进行确认，推动问题更好地解决。

同时，销售员在使用封闭式提问进行确认时，态度要平和且真诚，要以一种和善、商量式语气，而不是带着客户必答不可的信念。如果客户没有及时给出答案，销售员也不要催促，要给予客户思考的空间。

（2）正向确认

销售员在向客户确认的时候，需要正向确认。正向确认是指从正面积极的角度向对方进行确认，即便对方的表达不符合你的心意，但你还是能够站在对方的立场进行询问，接受对方的观点和情绪，这种方式更能为对方所接受，让对方愿意对你敞开心扉。

例如，销售员就报价问题向客户进行确认，“您这边增加销量，我们这边相应地降低些价格，是吧？这个解决方案对我们两方来说，都是比较能接受的，我回去看能不能为您这边争取到一些优惠……”

同时，销售员在正向确认的时候，还需要确认对方的情绪，有时候客户虽然嘴上答应了，可是情绪明显低沉，甚至有些勉强。这时销售员还需要与客户进行进一步沟通，商讨出更好的方案，最大限度地让双方都感到满意。

除此之外，正向确认是要让销售员将不好问的问题、不好说的话通过好听的方式说出来，就像是裹了蜜糖一样，不让对方心生抵触。例如，客户需要就签合同的时间向客户确认的时候，销售员说："早一天签约就少一天损失。您刚刚说明天就过来签约，是吗？"

（3）必要时，做出解释

销售员在向客户确认时，如果不能把握好度，会让对方觉得冒昧。所以必要的时候，销售员可以做出一定的解释，让客户知道你是关注他的情绪的。在向客户确认一些偏向于隐私的时候，销售员需要关联好自己的经历，让客户知道你曾经也有过类似的体验，所以能对他的情况感同身受，不抱有任何的偏见。

（4）确认之后要表达感谢

销售员在向客户确认之后，还需要做好收尾工作，即感谢客户的解答和信任。销售员可以对客户说："谢谢你对我的信任，对我知无不言，我十分相信我们这次的合作会非常愉快的"、"真的非常感谢您的耐心，我知道有些问题我可能问得有些冒昧了，但你还是很真诚地告诉我了，我真的特别感动……"等，销售员在确认之后要明确地向客户表示感谢。

第6章

教练式提问：问出真正需求

在教练式销售中，教练提问是重要的一环。教练提问的目的是引导客户说出真正的需求，进而实现成交。

1. 教练式提问的目的：引导

在现实销售中，需求即是一切。如果客户没有需求，那么客户是不会购买你所推荐的产品的。但客户的需求常常是隐藏的，并不十分明确；或者客户的需求会经历一个从无到有的过程，这些都需要销售员有技巧地引导客户需求出现。

在教练式销售中，销售员提问的目的在于引导。销售员会通过提问一步步挖掘出客户的需求，让客户满足需求，或者引导客户需求由不急变为急，进而涌现出解决问题的渴望，最终实现成交。

引导式提问是指销售员在给予客户现实情况的基础上，通过提问一步步引导客户进入自己的频道，以解决客户问题的思路去引导客户正视问题，让客户自己做出符合销售员期待的决定。

具体到现实销售中，销售员需要做好以下工作：

（1）引导客户说出不满

销售员了解客户需求有一个很好的途径，就是从客户的抱怨中得知。客户的抱怨和不满中往往包含了自己当前的困境，而问题和麻烦则代表需求的产生。如果销售员能引导客户说出自己的抱怨，那么就能从客户的信息中找到客户能够产生需求的隐藏点，进而激发客户的需求。例如，销售员询问："你最近觉得……怎么样呢""现在……得到缓解了吗"等。

销售员询问客户："您觉得您的皮肤怎么样呢？"

客户说："我现在皮肤还行，就是有些干燥。"

销售员说："皮肤干其实也很麻烦，时间久了，会长皱纹的。我们这里有款产品，保湿效果很好。"

客户问："那这个产品多少钱啊？"

销售员说："打折后 199 元。"

客户说："这么贵啊，就这么一小瓶吗？"

销售员说："贵是贵了点，但是这款产品真的效果好，昨天就有回头客买了这款产品。您想一想，如果等脸上真的长了皱纹，到时 1999 元都不见得补回来啊。您觉得是怎么样比较划算呢？"

销售员要从客户的抱怨中找到蛛丝马迹，将客户的需求点不断扩大，通过引导客户意识到解决问题的重要性，使客户有了迫切解决问题的渴望。

（2）把隐性需求变成明确需求

有时候，客户确实存在需求，但是没到非解决不可的程度，销售员需要将隐性需求变成明确需求，即挖掘客户内心最渴望的、能由产品带来却又超越产品本身的优点。

举个简单的例子，客户家的马桶非常不好用，费水而且噪声大。

这时销售员引导客户说："尤其到了晚上，马桶噪声大，是不是很烦？"

客户说："确实，但是也没有办法，马桶毕竟还能用。"

销售员应和客户的观点，接着引导客户说："家里有老人一起住吗？"

客户说："就是因为家里有老人同住，所以我才考虑这个问题。但老人总觉得不碍事，怕我们花冤枉钱。"

销售员："老人的心，我们都懂。刚才您提到了一个很重要的问题，说马桶不光声音大还费水是吧？”

客户点头：“嗯，确实蛮费水的，可能是马桶功能下降的原因。”

销售员这时引导说：“我们算算这笔账，是一家人的睡眠质量重要还是多买一个马桶重要；如果按照十年的使用期算的话，那么这笔钱很快能够回本，关键是浪费的水也是由水费换来的，您说是不是这个理？”

客户陷入思考状态：“嗯，确实。”

销售员接着说：“早买早安心，有时候就是这样，大家都是过日子嘛，该省的地方确实需要省一省；但是美好的生活不是省出来的，生活的品质还是需要的，有个安心的马桶，晚上睡着也会踏实。睡眠好了，身体状态才会好。如果这些问题通过购买一个马桶就能解决，您觉得是不是很值啊？”

销售员通过引导让客户关注到问题解决后的好处，从而将客户的隐性需求变成明确需求，进而解决问题。

（3）SPIN 模型

在销售中，销售员可以积极使用 SPIN 模型来问出客户的需求，因为客户对你心存戒备很难告诉你真实的需求，这时候销售员提出问题比解决问题更重要。而提问的目的就在于引导，了解客户的需求。

SPIN 模式是引导式的销售方法，具体来说，由以下四点组成：

S 是 Situation Questions，即现状问题，客户当前所遭遇的；

P 是 Problem Questions，即困难问题，引导客户说出自己的需求；

I 是 Implication Questions，即牵连问题，则是用启发引导客户关注如果不解决问题将会导致的负面结果；

N 是 Need-Payoff Questions，即价值问题，即销售员积极帮助客户解决问题，满足客户的需求。

销售员在向客户提问时，可以从四个方面入手，首先分析客户现在所遇到的问题，进而引导出当前现状给自己造成的困难，接着向客户表示这种情况如果继续存在，将会带来更多的麻烦，引导客户解决问题，最后向客户提供解决方案。这个解决方案是关联客户需求的，能够很好地解决客户所遇到的麻烦和障碍。

2. 教练式提问的5个方向（正面、前进、激励、可能性、宣言）

在教练式销售时，销售员提问的方向很重要。如果销售员在提问时毫无章法，想到哪儿就问到哪儿，没有一个严密的逻辑思维体系，很难让发问变得强有力，也无法对销售起到实质性的帮助作用。

因此，销售员在提问时要遵循以下 5 个方向，即正面、前进、激励、可能性、宣言。销售员要让自己的提问能够指向这 5 个方向，让提问更有效果，能引导销售朝着正面积极的方向发展。

（1）正面

正面提问，即开门见山地提出你想要了解的问题。

首先，直截了当、干脆利落地提问。

在现实销售中，销售员往往为了掩饰自己真实的意图和目的，拐弯抹角地对客户进行提问。其实你真实的想法和意图可能会被客户一眼看穿，客户当下的内心感受是：这人对我不真诚，感觉我被愚弄了。坦诚一点、直截了当一点，反而会赢得客户的好感，愿意跟你建立信任。

例如，销售员询问客户关于产品报价的想法，直接地提问："李先生，这个是我们给您提供的报价。您先看一下，有什么疑惑的地方，我们来商量一下。"而不是说："做生意都很不容易，我们这些产品都是投入了很多，现在市场价格也比往年高了不少，所以做产品越来越难了……"，这些过度铺垫暗示客户产品价格高是有理由的，但这时客户很可能从你过长的铺垫中失去耐心，也觉得你不真诚。

其次，正面提问也包括销售员在向客户提问时要正面积极，要减少负面提问。

例如，销售员对客户说："您懂我的意思吗""这个您不同意是吗"等，这些提问都带着明显的负面情绪、暗含说话人内心不痛快或强势的一面，很容易对客户造成心理压力。

相反，销售员需要这样询问客户："我讲清楚了吗""您的意思是说我们还可以商讨出一个更好的解决办法，是吗"等，减少负面情绪主导的提问。

（2）前进

前进是指销售员提问客户的问题，能够推动销售朝好的方向发展、推动销售走向成功。就像是一把梯子，销售员的提问能够使销售不断"升格"。

首先，销售员在提问的时候需要了解现在处在哪个位置，下一步要达到哪个位置，有的放矢地进行提问。

其次，销售员通过提问让客户了解到现状和期望之间的差距，引导客户向理想状态前进，并寻找解决这个问题的方法。

例如，一位女性客户对自己的体重并不是很满意。

销售员提问："张小姐，您理想中的体重是多少呢？"

客户说："按照我的身高比例来说的话，我希望自己在现有的基础上能够瘦10斤。"

销售员此时需要根据客户的诉求推荐给客户一款能够帮助她塑形减肥的产品即可。

（3）激励

销售员要多提问带有鼓励性的、能提起对方正面积极情绪的，而不是带有打击性、否定性的问题。同时，激励性提问需要销售员在提问的时候，能够营造出活跃积极的氛围，而不是让销售过程死气沉沉，没有生气。

例如，销售员询问客户："为了更好地解决这个问题，我们能不能想出更好的方法呢""您购买礼物原来是基于这个原因，您现在内心一定很开心吧""我觉得您的眼光真的很好，所以这个产品您也很满意吧"等，让提问变得激励人心，引导客户想象出拥有产品后更美好的画面。

（4）可能性

可能性是指销售员在提问的时候，能够让提问拓宽解决问题的思路，获得更多解决问题的办法。可能性提问则能够引出更多的可能，让双方看到更多的希望，而不是限制思路。

例如，销售员询问客户："关于这个问题，您还有什么想要补充的吗""您是不是还有更好的想法，可以给我们分享一下呢""除了这个困惑，您还想解决什么其他的问题吗"等。同时，可能性还体现在销售员提问时有技巧地扩大自己的销售空间。

例如，客户浏览产品时，销售员问"是自己用呢还是送给别人呢""您是喜欢A还是喜欢B"，而不是笼统地询问客户"您喜欢什么""我能帮助您什么吗"。

销售员使用前一种提问方式，其实销售员已经帮助客户做好了初步选择，扩大了销售空间；而采取后一种方式提问，很可能就会失去销售机会，因为客户有时并不能清晰地告知对方自己到底喜欢什么。销售员在可能性提问时，需要多使用启发式询问、开放性提问来增加更多的可能性。

（5）宣言

宣言是指销售员在提问时，按照计划、行动、结果进行提问，促使销售能积极指向结果，促成谈判成功。

具体来说，销售员在提问时，能够让客户知道销售是为了更好地提问题，具有一定的计划性，能够付诸实践，帮助解决实际问题，达成共鸣的。

例如，销售员对客户说："这里有几个对你可能有帮助性的信息，我能给您讲讲吗""您想解决的这个问题具体是指什么呢""如果我们根据您的建议想出一套方案，您觉得实施的可行性大吗"等，让客户进一步明确当想法付诸实践时，会面临哪些阻碍，产生哪些结果，更能以全新的视角去看待刚才提议的可行性，解决问题。

3. 情景型提问：获取背景资料

在现实销售中，销售员面对的客户往往是陌生的，对客户的背景资料也一无所知。如果盲目展开销售，销售员就很难找到问题的突破口，就像是一拳打在棉花上，很难打动客户的心，让客户静下心来听你的销售。因此，销售员需要通过情景型提问，来获取客户的背景资料。

情景型提问就是以客户为中心的提问方式，设定好一个情景，这个情景是由客户的抱怨或问题构成的，销售员能够从这个情景中了解到客户更多的背景资料，进一步了解到客户的隐性需求，为下一步发展做好铺垫。

情景型提问有以下三个特点：

一是足够引起客户的兴趣和关注点；

二是需要为客户的利益和需求着想；

三是有解决客户问题的能力。

销售员的提问需要围绕这三个特点展开，才能有的放矢地得到自己得到的信息。具体来说，要做好以下工作：

（1）引起客户的兴趣和关注点

情景型提问要足够引起客户的兴趣和关注点。只有这样，客户才有耐心、花时间和你交流。例如，销售员询问客户："您听说过这件大事吗""我今天是特地来恭喜你的，您愿意听吗""您想在这……中少交点钱吗""您知道现在都流行些什么吗"等问题，引起客户的兴趣。

在这个过程中，很关键的一点是销售员所说的内容必须符合客户的兴趣和关注点，才能引起客户足够的重视。如果这里的兴趣和关注点只是销售员想要给的，而不是客户想要的，则达不到预期效果。

（2）为客户的利益和需求着想

为客户的利益和需求着想，这是很重要的一点。如果销售员全程只顾自己的利益，从自己的角度宣讲产品，就会让客户觉得烦躁。

因此，销售员可以这样提问："这里有几个对您有用的建议，我可以讲讲吗""我特地为您准备了一些资料，你愿意花时间听一下吗""您之前提到的那个问题，我后来仔细研究了一下，您现在想了解一下吗""有个问题会对您的健康造成影响，您想了解一下吗"等。

提问需要围绕客户的利益和需要，尽可能站在客户的角度提问题，会减少双方交流的阻力，更顺畅地打开话题。

（3）有解决客户问题的能力

很多时候会出现这种情况，销售员好不容易引导出客户的需求，让客户意识到问题的严重性，却为“他人做了嫁衣”，即客户觉得销售员销售的产品可能并不能很好地满足自己的需求；或者客户最在乎的东西是销售员销售的产品所不能提供的。

例如，客户最看重产品的价格，但是对销售员来说最大的优势是产品的品质，如果销售员的提问超出了所销售产品能提供的范畴，就会适得其反。

销售员询问客户：“张先生，您好，我是装修公司的小王，最近怎么样，一切都还顺利吗？”

客户：“小王你好，我最近还好。”

销售员：“张先生，我听说您最近打算装修房子。我这里有一些对您很有用的资料，您愿意看看吗？上次您说到的几个问题，后来我都仔细研究过了。”

客户：“哦？是吗？我这段时间都忙着筛选，装修真是一个细活儿，很累人的。我听你们经理说你从事室内设计快5年了，对设计很有想法，而且好评率很高。”

销售员：“嗯，我很喜欢室内设计，再加上您的设计要求很有想法，所有我很希望能够参与到您的房屋设计中来。”

客户：“我现在的问题在于我还没有确定装修风格，要综合孩子的想法和妻子的意见，而我希望我的书房能设计得更有品位些。”

销售员：“我十分理解您的顾虑，确实家属于整个家庭成员共同拥有的空间，必须综合家人的想法。”

客户点头称是，忽然对销售员刚刚提到的资料很感兴趣，于是说：“你刚刚说的那个资料是什么呢？”

销售员回答说："就是关于书房设计和儿童空间的，这些都是根据您上次提到的问题，我的一些看法和研究。"

客户边翻边问："那你现在手上没有别的项目了吗？"

销售员说："还有一个项目快收尾了，所以我这边再接一个项目的话，还是可以的，这也就是我今天来找您的原因。您上次提到的要求，我都仔细设计过了，那我现在给您讲讲吧。"

客户点点头："好的，那我先听一听。"

情景型提问的关键词有以下几种：

一是原因。即销售员需要询问客户"什么""为什么"，例如"为什么会出现这样的情况呢""这样的情况出现多久了""是什么原因导致的呢"等。

二是现状。即"如何""怎么样"，例如"现在情况怎么样了""你是如何处理的"等。

三是对象。即"何时""何地""何人"，如"这件事是什么时候在什么地方发生的""是什么人有这样的情况"等。情景型提问需要解决的是5W1H，即Why（为什么）、What（是什么）、Where（在哪儿）、Who（谁）、When（什么时候），1H是指How（如何）。

四是影响。即"多少""多久"等，例如"这件事情对你造成了多少后果""你遭遇这种情况多久了"。

销售员通过情景型提问，要尽可能地了解客户发生了什么，对他产生了什么影响，他对这件事情的看法是什么，解决问题的欲望是否强烈等。这些都是销售员在情景型提问中需要了解的。同时，获取背景资料是销售员展开后面工作很重要的一步，对整个的销售活动有重要影响。

4. 诊断型提问：发掘隐性需求

在上一节我们了解到，对客户进行情景型提问，是为了获取客户资料。在获取背景资料之后，销售员开始发掘客户的隐性需求，这一阶段就要进行诊断型提问。

诊断型提问就是指销售员通过提问来鉴别出一个问题点，也就是从探究客户的抱怨和不满中，找到客户的问题点，进而发掘到客户的隐性需求。

举个例子，诊断型提问就像是医生问诊："你最近有什么症状？"

病人："牙疼。"

医生进一步询问："是阵痛还是隐隐作痛？"

病人说："阵痛。"

医生："什么时候会阵痛？"

……

医生经过一步步提问来诊断客户所存在的问题，进而挖掘到病人的"痛点"。

在现实销售中同样如此，销售员要做到心中有数，进而有序地对客户使用诊断型提问，来发掘出客户的隐性需求。

客户的隐性需求是指客户在头脑中有想法但没有直接提出、不能清楚描述的需求；或者是客户没有意识到的或无法用语言来做出具体描述的需求。

销售员可以依循以下几个特点对客户做到有的放矢地提问，让提问能够发挥出极大的效果：

（1）引导客户说出自己的抱怨，即“问题点”

诊断型提问就是要对客户的抱怨即“问题点”进行提问，要引导客户说出自己的抱怨，进而从客户的抱怨中挖掘出客户的隐性需求。

例如，客户跟你吐槽说自己的手机内存小，运行速度慢，销售员可以从客户的这种抱怨中了解到客户的隐性需求，解决客户的问题。

（2）多问相关联的问题

销售员在进行诊断型提问时，要多问相关联的问题。关联性问题往往是衍生的，前一个问题和下一个问题间存在逻辑关系，如因果关系、并列关系等。

举个简单的例子，就像开篇提到的，医生询问客户哪里疼，病人回答说牙齿疼。接下来医生的问题需要围绕客户的牙齿问题展开，而不是去问客户肚子疼不疼、脑袋疼不疼，并用治疗肚子疼的方式去治疗客户的牙疼。

问题要具有关联性，才能针对客户的痛点进行深度挖掘，进而找到客户的需求，将产品推销出去。

（3）问题要关联客户的心理

因为是诊断型提问，就有诊断错误的可能。销售员在提问时，一是要避免提问客户敏感问题；二是避免为了满足自己的好奇心直接对客户的隐私进行提问；三是在提问的时候，注意方法和技巧。

当你顺着客户的思路一个又一个的问题问下去的时候，销售员就能得到自己想要的答案。销售员在进行诊断型提问时，要顾及客户的隐私和敏感，不要引起客户的抗拒和反感，而要遵从客户意愿，让客户自愿告诉你更多的细节和内容。

（4）从小事入手

隐性需求可能是客户自己都不知道、不清楚的需求，这时销售员在进行提问的时候，需要从小事情或小观点入手。看似随意，其实是经过精心设计的，销售员要将自己想了解的信息都融入这个小问题，最终得到答案。

例如，销售员从客户日常生活小事入手，最近是否有喜事临门等。

（5）问题要得到客户足够的信任

诊断型提问就是根据客户的“痛点”和抱怨等来挖掘出客户的隐性需求，但是如果销售员在提问的过程中，并没有得到客户的足够重视，或者客户总是对自己的“症状”表现得不清楚、不了解，销售员的诊断型提问的效果就会消减大半。因此，销售员在提问的时候，需要采用一些方法和技巧，引起客户对问题的重视。

那么，销售员在现实销售中，如何使用诊断型提问来挖掘出客户的隐性需求呢？

（1）把症状和产品联系起来

隐性需求会存在于客户的抱怨中，而有时客户对自己的抱怨并没有引起足够的关注。也就是说，客户有时并不把抱怨当成问题，更不会产生解决问题的想法。当客户有了“痛点”之后，隐性需求往往就隐藏在“痛点”背后。销售员要通过诊断型提问来让客户意识到自己的“痛点”的存在，并重视“痛点”，将症状和产品联系起来。

举个例子，销售员询问客户：“你有没有考虑到……怎样才能降低价格呢”“如果不及时做出应对，您觉得会带来哪些恶劣的后果呢”“您每次遇到这样的状况……是不是特别麻烦呢”等，销售员在这一过程中需要尽可能地通过提问，引导客户自己去寻找答案。

当客户将目光放在问题症状上之后，销售员接下来要将客户的状况与产品联系起来，即将症状与产品联系起来。

（2）开放性提问+封闭性提问

销售员在使用诊断型提问时，要多采用封闭式提问，即“是不是”“对不对”“能不能”等，尽可能直接地获取客户的信息，进而了解到客户的隐性需求。

例如，销售员询问客户：“购买这款手机，您是选择自己用，还是送给别人呢？”

客户说：“自己用。”

销售员接着询问：“您能不能告诉我，您对产品有什么特别的喜好呢？”

客户说：“我也不太清楚，我先看看。”

销售员这时跟客户说：“这款手机最大的特点是运行速度快，您平时喜欢玩游戏吗？”

……

销售员经过这种诊断型提问，不断地得到新的结论，并用新的结论一步步澄清事实，得出结论。需要注意的一点是，销售员要适度使用封闭性问题，因为过多的封闭性问题会让客户产生压迫感，会在不经意间触犯到客户的隐私。

因此，销售员在进行诊断型提问的时候，可以采取开放性提问和封闭性提问相结合的方式，更好、更全面地了解客户信息。在了解了客户的背景资料的基础上再进行诊断型提问，挖掘客户的隐性需求，更能发挥出效果。

5. 启发型提问：引导客户需求

在现实销售中，有一种很重要的提问方式，即启发型提问。启发型提问是引导客户说出当前的问题给自己带来的后果和影响，而这里的后果和影响甚至是销售员都难以想象的，进而促成销售。启发型提问一般有以下几个特点：

（1）焦点放在问题的影响上

启发型提问不同于诊断型提问，它是将焦点放在问题上。在这一阶段，销售员会把焦点转移到问题的影响上，即问题对客户造成了什么影响，进而启发客户去解决问题，解决问题对自己造成的影响。

例如，销售员询问客户："如果这个问题一直持续下去……""这个问题若一直存在……造成……"等，暗示客户可能产生的严重影响，以引导客户重视问题。

（2）意识到问题的严重后果

销售员除了要引导客户将焦点放在问题的影响上，还要进一步引导客户了解如果不解决问题，会带来更为严重的后果，让客户深刻地了解到解决问题的必要性。

例如，销售员通过告诉客户"手机过度发热，会带来哪些后果呢"引导客户思考：手机过度发热会使手机卡顿、自动关机，甚至发生爆炸。

销售员明确告知客户问题的严重后果，会极大地激发客户快速地解决问题，引导客户满足需求。

（3）将隐性需求转化为显性需求

上面说到客户的隐性需求常常以不满、期待等形式表现出来，而客户的显性需求则是对自己的“痛点”和期望做出了明确的表述。也就是说，客户能够将自己的抱怨和不满具体到某种现实行为，同时，客户已经明确知道自己能够通过找到产品而解决自己的抱怨，对产品也有了新的认识，并进一步明确了自己能够从产品中获得的利益。

在启发型提问阶段，销售员需要将客户的隐性需求转化为客户的显性需求，并让客户知道自己的产品是能够解决客户的问题，给客户带来利益的，促使客户为满足需求而实现成交。

在现实销售中，在引导客户需求这一阶段，销售员已经从抱怨中获知情境问题，并找到了客户抱怨中的最大“痛点”，并暗示客户该“痛点”会带来哪些负面的后果和影响，让客户意识到解决问题的必要性和迫切性，从而启发客户满足需求。

具体来说，销售员需要从以下几个步骤来引导启发客户：

（1）引导客户关注产品利益

当客户已经意识到自己的“痛点”对自己产生的重大影响和不解决将会给自己带来的恶劣后果后，销售员就要乘胜追击，引导客户关注产品利益。

产品利益是指产品能够给客户带来的某种利益，帮助客户解决问题，满足自身的生理或心理需求。销售员在把客户的问题变成明确的需求后，即将问题的危险之处用明确的方式表现出来，能让客户感觉到问题的压力。

例如，销售员询问客户：“如果这个问题 ×× 得到解决，会不会造成整个系统的瘫痪呢”“如果还是坚持这种做法，会不会损失更多的金钱呢”等。销售员需要将客户的显性需求与产品利益相关联，促使客户产生快速解决问题的渴望。

举个简单的例子，客户长期受到洗衣机噪声、费水等困扰，但始终无法下定决心去购买一款新的洗衣机。

这时候销售员需要引导客户关注自己的内在需求，即需要一款新的洗衣机，不仅能够解决噪声、费水等困扰，还能拥有一个高品质的生活。

在这个过程中，销售员口中的“高品质的生活”就是产品利益，产品利益能提供给客户的绝对是大于产品本身的功能的。只有将客户引导到产品需求的相关区域和利益，才能够更好地对客户实现说服。

（2）引导客户的需求转向自己销售的产品

如果销售员在发掘出客户的问题之后，让客户产生一种新的感受，即销售员推荐的产品并不是最佳满足自己需求的产品，例如客户希望产品的优势是实惠，但销售员的产品定位是高端大气，这时销售员所做的一切就是徒劳。销售员此时需要引导客户做出有益于自己所销售的产品的思考。

因此，销售员这时还需要做好两方面的准备：

一是让客户充分意识到问题的紧迫性，即多耽搁一天就会多受一天损失，放大问题的危险性，如果不立即解决会带来大麻烦。

二是销售员在明确客户的需求之后，需要将自己的产品优势与客户的需求对应起来，进行转换，让客户知道销售员销售的产品与自己的需求是相一致的。

（3）转化客户的标准

销售员在引导客户的需求转向自己销售的产品时，一方面需要放大客户问题的严重性，另一方面要转化客户的标准，甚至重新定义客户的标准。这时候就需要销售员有技巧性地使用含糊性的语言进行转化，引导客户说出自己所期望的答案。

举个例子，客户希望买到实惠的产品，这时候销售员询问客户：“您刚才说希望买到价格实惠的产品，我能不能这样理解，您希望购买的是高性价比的产品，是吗？”

其实价格实惠和性价比不一样，但是销售员通过“性价比”转化概念。一旦客户认同，销售员就针对自己产品本身的“高性价比”来进一步引导客户购买此款产品，引导客户需求，由“价格实惠”转化为“性价比高”的产品。

转化客户的标准是一种使用含糊性语句来引导客户需求的巧妙方法，进而实现说服的目的。

6. 确认型提问：明确客户对需求的认同

销售员在经过情景型提问以获取背景资料、诊断型提问以发掘客户的隐性需求和启发型提问以引导客户需求之后，销售员需要做的是确认型提问，目的是明确客户对需求的认同。这也是教练式提问中重要的一环。

确认型提问就是在明确了客户需求的基础上，进一步明确客户对需求的认同，并满足客户的需求。销售员经过确认型提问来促使客户提出解决问题的方案以建立购买憧憬。

具体来说，确认型提问有以下几个特点，销售员在对客户进行提问的时候，可以依照以下几点展开提问：

（1）引导客户关注解决方案

在确认型提问这一步骤，是要满足客户需求的。因此，销售员需要引导客户关注解决方案，这时不要再关注问题和问题的严重性了。只有将客户的注意力引到解决方案上来，销售员才能更好地使自家的产品与客户发生联结，引导客户关注自己销售的产品。例如，销售员说："这个产品是最新上市的，销量很高，关键是能够解决您刚刚说的……问题，要试一下吗？"

（2）明确客户对需求的认同

在确认型提问中，销售员首先要确认客户对需求的认同。如果客户对自己的需求没有产生认同，则会中断接下来的销售过程，因为客户觉得自己无此需要。

其次，销售员还需要澄清客户对需求的认同。当客户对自己的需求产生误解或觉得销售员的产品不能满足自己需求的时候，销售员要通过解答澄清客户对需求的认同，转而使销售机会倾向于自己销售的产品。

接着，销售员还需要扩大客户对需求的认同。有时客户虽然明确自己有需求，但并不认为自己有立即满足需求的必要，或者觉得销售员推荐的产品并不是满足自己需求的唯一或最佳选择，这时销售员就需要扩大客户对需求的认同，即立即产生需要并做出决定。

最后，销售员要最终明确客户对需求的认同。这时的认同是销售员和客户都认同，双方实现说服，并认为结果能满足彼此的期待。

（3）营造积极的购物憧憬

营造积极的购物憧憬在确认型提问中是很重要的。有时候会出现这种现象，销售员确实帮助客户明确了需求，但是明确的需求会给客户带来消极负面的购物感受，甚至由于负面情绪过大而造成销售失败。

就像是医生给"重症患者"诊治，如果一开始就告知患者他所患的疾病具有极大的危险性，且治愈的可能性不大，只会让病人心生沮丧，对整个治疗过程抱着消极悲观的态度，而聪明的医生则会宽慰病人，“只要你好好地静下心来治疗，就什么问题都不会有。”

在销售中同样如此，销售员需要营造积极的购物憧憬，而不是消极的购物体验。如果销售员为了促使客户购买而过分扩大客户购物体验，只会适得其反。

例如，销售员说：“您使用这款化妆品后，会提亮肤色，显得光彩照人……”这就是营造积极的购物憧憬。

确认型提问充分尊重客户的自主权，鼓励客户提出解决方案，并建立积极的购物憧憬。

在现实销售中，销售员在使用确认型提问时，需要注意以下几点：

（1）帮助客户明确需求

销售员在确认型提问这一步骤，需要帮助客户明确需求。

销售员在提问时，需要让提问始终围绕客户的需求，例如“解决这个问题，对您来说重要吗”“您觉得采取什么方式才是最好的呢”“您最想要达到一个什么样的结果呢”“我看看还有什么其他更好的方法来帮助您”“您对这个方法有什么建议呢”等。

一旦客户明确了需求，客户就会根据你的提问说出自己真实的想法和建议，使问题得以解决。即便在销售关系中，客户也是倾向于相信自己的感受和自己做出来的决定。确认型提问的目的就是让销售员帮助客户发现明确的需求，而不是简单地展示产品。

（2）进一步明确客户的购买动机

如果客户对自己的需求不太认同，销售员就很难将自己的产品销售出去。但在现实中，客户往往在一段销售关系中，受各种条件的影响而偏离或忽视了自己的购买动机，以至于不能充分认同自己的需求。

举个简单的例子，客户原本打算购买一只新的口红，因为觉得自己所有的口红颜色与自己所穿服饰的风格颜色不搭。

在选择的过程中，客户很快发现自己今天所穿的衣服不是自己喜欢的风格，在往后的日子里频繁穿的可能性很小。因此觉得自己没有必要为了一身不常穿的服饰而去购买一只价格不菲的口红，于是打消了购买念头。

这时，销售员需要进一步明确客户的购买动机，动机决定行为。只有充分激发客户的购买动机，才会使客户明确自己对需求的认同。

销售员可以询问客户："您觉得一只口红只能搭配一身衣服是吗""口红对您来说意味着什么"等，让客户自己去寻找解决问题的方案。

客户会回答："口红对女人真的很重要，不一样的口红会有不一样的感觉，女人是不会嫌口红多的。"

销售员接着提问说："您觉得口红对您来说很重要是吗？确实，一只好的口红能够起到画龙点睛的作用，点燃脸上的神采。我看您的皮肤很好，这身衣服真的很衬您的气质，再搭配这只口红，真的比化了妆还要好看。"

这时客户的购买动机再一次被激发起来，增强了购买动机，建立了购物憧憬，坚定了满足需求的决心。销售员在使用确认型提问时，需要营造积极的购物体验，让客户充分意识到购买产品满足自己的需求能够给自己带来诸多好处。

7. 教练式提问的问题要简洁清晰

在现实销售中，不难遇到这样的情况，销售员在向客户提问时，语言过于赘述，绕得云里雾里，还是没能问到问题的实质处；或者在提问时词不达意，不能精准地向客户传达自己的意思，对销售过程没有任何实质的帮助。

但在教练式销售中，销售员提出的问题要做到简洁清晰。

首先，简洁清晰的问题能够一针见血，有的放矢地表达自己想要向客户提问的内容。同时，客户也能更好地理解，清晰地说出答案，方便销售员了解更多信息。

其次，简洁清晰避免了提问时的长篇大论，能够让客户更好地抓住重点，引起客户的重视和兴趣。

最后，简洁清晰使销售员要组织精练好自己的语言，在提问客户前，先要做到心中有数，发问更有方向，更能落到实处。

简洁清晰的教练问题能够帮助销售员在提问过程中，省去很多麻烦。因此，在实际销售中，销售员在提问时，需要注意以下几点，使自己的提问简洁清晰。

（1）妙用金字塔原理

任何事情都可以归纳出一个中心论点，而此中心论点可由三至七个论据支持。也就是说，销售员在提问的时候，需要根据金字塔原理归纳出自己想问的中心内容，而中心内容又是通过提问哪几个点可以得知的。

销售员在提问的时候，要避免自己的思想发生混乱，按照先重要后次要的顺序进行提问，不要本末倒置，让客户接受问题时思维错乱。销售员要先关注结论，即自己的提问是想得到一个什么样的结果，再由结果向前推演，一步步向客户发问，这样提出的问题是简洁而清晰的。也就是说，销售员在提问时要以结构化思维模式解决问题，并且以清晰简洁的方式表达出来。

（2）坦诚相告，从实际出发

在教练式销售中，销售员十分注重与客户建立亲和、信任的关系，这也就使销售员在向客户销售时，对客户的提问要从实际出发，能够做到坦诚相告，而不是为了遮掩某种目的而故弄玄虚，刻意向客户隐瞒信息。受此心理指使的提问，销售员提出的问题难免会顾左右而言他，问不到问题的实质处，且问的问题不足够清晰简洁，也无法从客户那里获知真实可靠的信息。

因此，销售员在提问时如果希望自己的问题能够简洁清晰，就需要端正自己的心态，与客户建立友好信任的关系，这样提出的问题是从心出发的，销售员会得到心的指引，提问时也会获得良好的反馈。

（3）发问有方向、有逻辑

简洁清晰不是意味着问题越简单越好，简单的问题对销售员获取重要的信息没有太大的帮助，甚至是一种浪费时间的无聊行为，结果就是问与不问都一样。

为了避免这种情况，销售员需要遵循以下三点：

一是销售员在发问时，要做到心中有方向。具体来说，即是明确自己想问什么，想得到什么样的信息，想达到怎样的目的和意图。内心在确定好这一点之后，销售员需要站在客户的立场发问，想象自己如何问才能更好地为客户所理解，再使用精练的语言表达出来。

例如，销售员想要询问客户对报价的看法，这时提问：“您对当前的报价有哪些想法呢”“你对报价存在哪点疑惑吗”等，知道自己想问到什么信息。

二是销售员在提出问题时，要通俗易懂，切忌为了显示高深而使自己的问题让客户充满疑惑。同时，销售员在提问时，要充分考虑客户的知识背景和接受程度的不同。例如，孩子和大人对同一个问题的理解程度不同，一般来说，大人对问题的理解程度要高于孩子；销售员要学会用客户能够理解的语言与他们交流，这样的问题也是简洁清晰的。

三是逻辑的重要性。如果一个人说话总是毫无逻辑，极容易引起听话人的迷惑。销售员的提问要充满逻辑，只有有逻辑的提问才会让客户更好地领悟你的意思，让客户的回答进入你所构建的对话模式中。提问时精练地表达出自己想要问的内容，不让问题携带无关信息，提问直指目标。

（4）问题要强有力

简洁清晰的问题要是强有力的，这样更容易击中人心，让听话人知道你在询问什么。有时候销售员往往会铺陈自己的观点再进行提问，但对于客户来说，客户最希望你能直接为他提供解决方案，你如何帮助他满足需求，满足需求的条件是什么等。销售员一方面要问出自己想问的，还需要把客户想听的内容通过提问给点出来，让客户自己做出选择。

例如，销售员询问客户：“这些产品都是最新上市的，根据最新科技研发出来的，产品的成分都是选取最上乘的材料，对您一定有极大的好处，您想试试吗？”在这段话语里，销售员的提问过于赘述，铺垫过长，会引起客户的反感，而简洁清晰的问题即是提问客户：“这款产品能够改变您刚刚提到的……问题，你愿意试一试吗？”

（5）问题要明确、具体

简洁清晰的反义词是复杂模糊，也就是说，销售员在向客户提问的时候，要遵循明确性原则。越明确的问题越容易被客户所理解并回答。如果提出的问题过于复杂或冗长，或者一个问题里面套着另一个问题，彼此间逻辑混乱，在表达的时候又受各种语言习惯的影响而拖泥带水，30 秒内都问不到重点，那么这个问题无疑是失败的。既不能为客户很好地理解，又会消磨客户的耐心。

因此，销售员在提问的时候，避免使用模棱两可的语言，要让客户明确知道你在问什么，明确具体到每一句话，不要将问题拉得很长，要做到心中有数。

除此之外，销售员的表达也十分重要，要干脆利落，不啰唆，口齿伶俐，少用“嗯”“啊”等语气词，要保持连贯。

8. 教练式沟通避免使用的问题

销售员在向客户提问时，不仅需要让自己的提问简洁清晰，还需要做到提出的问题得体、尊重对方的内心感受。有时候，销售员为了获得更多的销售机会和销售信息，不顾及客户的心理感受而挖掘客户的隐私或痛楚，不仅显现出销售员的粗鲁无礼，还会使客户不愿说出内心真实的想法，甚至造成交易失败。

聪明的销售员在提问客户的时候，会避免使用以下几种问题。

一是所提出的问题范围太大，客户无法给出答案，不知道从何说起；

二是问题包含太多的负面因素，如“难道你不觉得这样的方式是不对的吗？”极容易引起对方抵触抗拒的心理。

三是在提问时习惯于直接给出建议，得到的答案很有限，例如“你难道没有试过 ×× 方法吗”等，不能静下心来倾听客户的想法。

具体来说，销售员要做到规避如下提问方式：

（1）否定、消极的问题

否定消极的问题极容易引起对方的反感，使对方无法对你敞开心扉，说出自己的问题。

例如，销售员对客户说："一看你的皮肤就知道你平时没有做护理，是这样吧""如果再不做保养，就来不及了，难道你觉得自己还没到保养的年纪吗"等，销售员的这种提问带有强烈的否定消极性，甚至带有打击的意味。可能销售员是为了扩大问题的严重性，以引起客户的重视。但是这样的问题过于冒险，并且语言里带有不尊重客户心理感受和情绪的意味，这样的问题在沟通过程中需要避免。

（2）敏感的问题

敏感的问题一般涉及客户的隐私，如客户的年龄、职业、家庭等。有时销售员为了获得更多信息，十分不避讳地询问客户的敏感信息。

例如，销售员询问客户："您是从事什么工作的呢""您今年多大了"等，聪明的销售员会从客户的穿着、打扮、谈吐等方面来获取自己想要的信息，而不是直接询问客户的隐私问题。

（3）以自我为中心的问题

销售员在提问时，需要站在客户的角度提出问题，切忌采取以自我为中心的提问模式。以自我为中心提出的问题往往带有强烈的主观色彩，依据自己的主观判断而否定客户的想法，忽略客户的建议。

例如，客户正在浏览一款产品（价格较为便宜），这时销售员直接向客户推荐另一款产品（价格昂贵）："我觉得这款产品不太适合您，您要不要来试试这一款""这款产品是为中老年设计的，您需要的产品在这边，您想要看看吗""我有疑惑想要您的解答，行吗"等。销售员的提问带有先入为主的判断，并没有充分尊重客户的意愿和想法。这类提问带有强烈的主观性，只会招致抵触。

同时，以自我为中心的问题模式也会使销售员在询问客户时，不能很好地尊重客户，例如直接询问客户："我有个问题想要问你，行吗？"询问过于直接，并没有尊重客户的心理感受。

正确的问法应该是："您现在有时间吗，我想请教您一个问题？""现在和您说话，会打扰您吗？"要将主动权交给客户，让客户自己做出决定。

（4）问题缺乏事实根据

销售员在向客户提问时，需要充分尊重事实，提出的问题是基于事实的。没有客观依据的问题是站不住脚的，也不能说服客户。

例如，客户购买一款产品，销售员一开始不是询问客户有什么需求，而是按照自己的方式去推荐："看您的打扮，我觉得您一定喜欢这个产品，您要来看看吗？"问题缺乏事实根据，同样没有作用。

同时，缺少事实根据的问题很容易将问题引到另外一个极端，使双方并不能很好地打开话题。不少销售员会基于对产品的了解而主观介入到客户的情况中，这样很难得到真实有效的信息。

（5）问题沉闷死板

销售员在提问时要活跃，能够激起客户的好奇心，切忌沉闷死板。例如"我有一个好消息告诉您，您愿意听听吗""您听说过这件大事吗""您知道如何降低现在的成本吗"等，吸引客户的注意力，将客户引到你的频道上。

相反，如果销售员的提问过于沉闷，如"这个问题您觉得要如何解决呢""您之前出现过类似的症状吗"等，就不能引起强烈的情绪波动，使整个销售过程过于死板，没有生气。

在这里，销售员要询问客户开放性问题，开放性问题有助于客户畅所欲言，尽情地表达自己想说的观点，能够活跃气氛，让沟通不会过于单调冷淡。

（6）不要问一些没有答案的问题

销售员在销售中，还要避免问客户一些没有答案的问题。

一是凭借客户现有的能力无法回答的问题；

二是所提出的问题无关销售活动；

三是该问题需要专业的人员解答；

例如，销售员询问客户："这个产品有络氨酸酶，您知道什么是络氨酸酶吗""您知道什么是pH调节剂吗"等，提出的问题过于专业，超出了客户的知识范围。这样的问题只会让客户觉得销售员故弄玄虚，会生出不信任感等。

四是该问题不成立。

同样，销售员也无法从中获取客户的想法和信息，因为对客户来说，重要的是产品利益和产品满足自己需求之后所产生的结果，其他的信息对他来说是无关紧要的。

第7章 作出承诺：解除客户抗拒

正确认识客户的抗拒，并把客户的抗拒看作是一次全新的销售机会。教练式销售员教你如何解除客户的抗拒。

1. 正确认识客户抗拒

全球第一金牌销售员雷德曼有一句名言：推销，从被拒绝开始。

而在现实销售中，不少销售员将客户的抗拒等同于客户拒绝，看作销售失败。其实这是一种错误的认知。

在教练式销售中，销售员会正确认知客户的抗拒，并把每一个抗拒都变成机会，让危机变成转机。

首先我们先来了解一下客户抗拒的表现：

一是客户觉得产品太贵了，购买很不划算；

二是客户之前没有使用过该产品，在面对销售员的销售时，第一反应是抗拒；

三是客户在了解产品的过程中，发现该产品其实没有达到或超过自己的预期；

四是单纯地对产品不感兴趣，觉得自己没有购买的必要等。

也就是说，客户的抗拒常常通过疑问、质疑、推托、拒绝等方式表现出来。

面对客户的抗拒现象，销售员首先要建立平和的心态，在销售之前就将客户的抗拒纳入思考的范畴中，不因客户的抗拒而停止销售。

其次，把客户的抗拒当作是一个新的了解客户的机会，能够从客户的抗拒中了解到更多的有效信息。

最后，销售员要对客户的抗拒表现出更多的关心和理解，和客户之间建立信任，为化解客户的抗拒奠定基础。

这一切都是建立在销售员能够正确识别客户的抗拒的基础之上。具体来说，销售员需要建立以下心态。

（1）客户的抗拒是正常的

正确认知客户的抗拒，销售员首先需要建立这样的信念，即“客户的抗拒是正常的”“不要害怕客户的抗拒”。销售员在面对客户抗拒时，不必太过讶异，甚至是心生沮丧，而要将客户的抗拒看作客户在表达自己意见和了解客户的好机会。

当一个人对某个东西表现出抗拒时，往往透露着一些有价值的信息，正是因为这些信息才有了抗拒的情绪。客户要识别到客户情绪的正常性和合理性，进而引导客户观念，化解抗拒。

（2）客户的抗拒是有价值的

客户的抗拒是有价值的。客户的抗拒往往包含着无数的、促进销售的信息。销售员需要做的就是迅速地捕捉这些信息，找出造成客户抗拒的真正原因。

举个简单的例子，客户说：“这个产品我之前没用过，里面都是些什么成分啊，会不会对皮肤有害？”

这句话中的关键信息是“客户之前没用过，担心产品会危害自己的皮肤”，这时销售员要与客户做深度沟通，打消客户的疑虑，而不是直接认定客户拒绝此款产品。

了解抗拒背后的原因比向客户自顾自地介绍产品的优势，更具有价值。如果你不能很好地解决客户抗拒的深层原因，客户就不会跟你建立信任，自然会终止交易。

（3）放弃失败的信念

销售员不要把客户的抗拒看作销售失败的信号，要放弃失败的信念。教练式销售员在面对客户抗拒时，不会把时间和精力放在客户抗拒本身和自己失落的心情上，而会关注客户抗拒的原因。他会把客户的抗拒看作一种新的沟通方式，了解客户真实的想法，帮助客户实现购买目的。

正确认知客户的抗拒，就是要放弃失败的信念，克服心理上对客户抗拒的畏惧心理。一个优秀的销售员只有在一段销售关系中放弃失败的信念，才能更好地在成功的道路上全力以赴，在说服客户实现购买的道路上做得更好，以正面积极的心态面对销售中出现的一切难关。

（4）耐心倾听客户的想法

在销售中常见的一种现象是，销售员在面对客户的抗拒时，往往反驳客户的意见，没等客户把话说完，就急忙列举自己产品的种种优点，以打消客户的抗拒。

其实这种做法是非常错误的，只会激起客户更负面的情绪，很可能客户不会听你太多的、不符合他心意的解释，结果只会背道而驰。关键是客户的抗拒并不意味着否定，只是他现在还处于了解产品、对产品心存疑惑的状态。

因此，在面对客户抗拒时，销售员要更多地将时间留给客户，让客户尽情地说出自己的顾虑和困惑，耐心地倾听客户的想法，再解释给客户想要了解的内容，而不是你爱说的内容。

举个例子，当客户跟你说："价格太高了，我觉得有点难以承受。"

错误的做法是：销售员劝说客户："我的产品价格其实不算高""产品定价很合理，你看它的成分"等，客户想听的绝对不是这些，客户抗拒背后的真正原因是希望以自己的抗拒使销售员降价。

正确的做法是：销售员询问客户："除了价格，还有别的原因吗""我能这样理解吗，您对这个产品本身很满意""如果按照十年使用期来计算，您觉得价格如何呢"等。

销售员要尊重客户的不同想法和意见，甚至是抗拒，但可以有针对性地解答客户的疑问。

（5）把抗拒看作机会

在现实销售中，客户的抗拒再正常不过。如果没有遇到客户的抗拒，反倒是不正常的。正确识别客户的抗拒，很重要的一点就是把客户的抗拒当作机会。

当销售员建立这样的心态后，首先不会惧怕客户的抗拒，反而越挫越勇，不把客户的抗拒视为销售失败或增加了销售难度。

其次，销售员会积极且富有耐心地寻找解决方法，来解除客户的抗拒。

需要注意的是，客户向你表示抗拒的同时又表明了抗拒的原因，其实客户真实的想法是希望你能够解决他的问题。如果客户的疑问得到解决，那么客户的抗拒也会随之化解。

最后，销售员会在销售中建立正面积极的心态，能够更好地帮助客户，真实客观地了解客户抗拒，甚至感谢客户的“真实反应”。

2. 客户抗拒的类型

销售员在正确识别客户的抗拒之后，还需要了解客户抗拒的类型。不同的客户在表现抗拒时会有不同的方式，抗拒的“点”也会有所不同，销售员要采取不同的方法有针对性地化解客户的抗拒。这就需要销售员能够正确识别客户抗拒的类型。

一般来说，在销售中，有以下七大客户抗拒的类型：

（1）沉默型抗拒

沉默型客户的抗拒通常表现为：

少话、无较大的表情和情绪波动，甚至表现得比较冷漠；

往往安静地听销售员的表达，而不过多地发表自己的想法和意见。

客户的沉默指数与他对产品的好感度是成反比的，也就是说客户越沉默，对产品的好感度越低。

对于沉默型客户，销售员要多询问客户的看法，多提出一些能引起客户兴趣的问题，站在客户的角度询问一些开放性的问题，引导客户作答。

例如“这个设计您有什么看法呢”“我能帮到您什么吗”“这款产品背后有一个有意思的故事，您愿意听听吗”等，尽可能地引导客户说出他真实的看法。

一旦沉默型客户愿意对你表达出他的真实想法，抗拒的坚冰就会慢慢消融。

（2）借口型抗拒

借口型客户的抗拒通常表现为：

常常以“产品太贵了”“我现在还不需要这个产品”“我上个星期已经买过了”“我没有时间”“我还没有想好”等为借口抗拒销售员的销售。

销售员在面对借口型客户的抗拒时，不要直面客户的抗拒时所找到结果。如果销售员明知道客户的抗拒是借口，还是揪住不放，只会在错误的道路上越走越远。

相反，销售员需要巧妙地忽略客户所找的借口，转而引导客户的观念。

客户说还没想好，销售员可以这样说：“多耽误一天，就会多一天的损失。”客户说没时间，销售员可以说：“这个问题可能会给您的健康或财产造成……”“您想在……事情上面多获得一些福利吗”等，转移客户的注意力，引导客户进入自己的频道。

（3）批评型抗拒

批评型客户的抗拒通常表现为：

往往直接对销售员的产品或服务提出批评和负面看法，例如客户说“你的产品看起来质量就很差”“这做工太粗糙了”“这个价格真的很不合理，也高得太离谱了”等。

在面对批评型客户的抗拒时，首先不要去反驳客户的想法和意见，更不要和客户起争执，这样只会加深客户对你产品的负面印象，激起客户更为负面的激动情绪。

其次，跟客户站在统一战线，在劝说客户时说“我理解您的感受，同时……”而不是“我理解您的感受，但是……”，要尽可能地相信客户的看法是对的，先照顾好客户的情绪。

最后，等客户能以一种平和客观的心态去看待这个产品和服务时，销售员再有针对性地向客户推荐，解答客户的疑问，才能让客户听进去你的话语。

（4）问题型抗拒

问题型客户的抗拒通常表现为：

对产品或销售员有所质疑或疑问时，不会直接说出他的困惑，而是通过提问的方式来考验你。一旦你的回答不是他心中的答案或者不专业而难以说服时，客户会加深自己的抗拒。

在面对问题型客户的抗拒时，首先需要销售员表现出专业、精深，对产品信息和相关领域的信息有一个全面的了解，能够解答客户的疑问，消除客户的抗拒，让客户对你放心，安心地购买你的产品。

其次，销售员在正面回答客户的提问时表述要精准。如果销售员顾左右而言他，话题兜来兜去说不到重点，即便内心觉得你能解答客户的提问，可你的种种表现还是难以让客户对你产生信任。

（5）表现型抗拒

表现型客户的抗拒通常表现为：

会表现出自己懂的要比销售员多，知道的要比销售员广，对此产品信息了如指掌，甚至比销售员还要专业。

在面对表现型客户的抗拒时，首先要认同并称赞客户的专业和博学，即便客户所说的内容中有错误的地方，也不要拆穿客户或与客户比高低。销售员需要应和客户的观点，为客户创造表现的机会。

其次，销售员要有技巧性地插话："李先生，您太厉害了，在您面前我都要甘拜下风了。那我也就不班门弄斧啦，该知道的信息您比我都通透，现在我就给您补充两点新的内容，一个是……"适时地将话题引入到销售上，同时也降低客户的抗拒。

（6）主观型抗拒

主观型客户的抗拒通常表现为：

其实他的抗拒点不在产品，而在销售员本身。

例如，客户在了解产品的过程中，对销售员说话的语气、语调、表情等方面产生了负面心理，进而将这种情绪转移到产品上，并不想就此购买这款产品。

在面对主观型客户的抗拒时，销售员要注重与客户建立亲和的关系，注意自己的面部表情和说话语气，最大限度地展现出真诚和友好，态度不卑不亢，又不失真诚。不要激起客户对你主观的、负面的情绪。

同时，销售员还需要关注客户的心情和想法，不要将自己的建议和想法凌驾于客户之上，这样很容易引起客户的反感。

（7）怀疑型抗拒

怀疑型客户的抗拒通常表现为：

当销售员向客户展示产品的功能和优点时，客户的第一反应是不相信产品有你介绍得这么好，会抱着怀疑的态度听你的解说。

在面对怀疑型客户的抗拒时，不要过于心急，因为客户有这种怀疑的态度也是正常的。销售员这时可以通过试用、试穿等方式，让客户切实地感受产品的功能。

举个例子来说，你给客户推销一款面霜，产品吸收很快，皮肤会很滋润，能够达到长效保湿的效果。客户对此抱有怀疑。销售员只需让客户试用产品，用实际效果打消客户的顾虑。

3. 对客户的抗拒表示理解认同

不少销售员会把客户的抗拒看作一种极度危险信号，生怕客户就此停止购买，而否定客户的负面疑问、质疑、推托、拒绝，结果不仅没能解决问题，反而激起了客户的负面情绪，销售真的就此终结了。

举个简单的例子，客户说："你这个产品看起来不新鲜啊……"

销售员立即反驳说："怎么可能，这些都是新进的，怎么就不新鲜了？"

如果销售员以这种方式来回答客户的疑惑，只会招致客户更深层的反感，即便销售员说的是真的。

而在面对客户抗拒时，很重要的一点就是要对客户的抗拒表示理解认同。每个人都渴望被理解认同，即便自己所持的想法和观点可能是错误的。聪明的销售员在面对客户的抗拒时，会对客户这一行为表现出极大的理解和认同。这样做有以下几点好处：

首先，在心理上没有跟客户形成对立的心态，也不会在第一时间对客户的言论提出质疑，而是让客户把话说完。

其次，销售员会以较为平和、尊重的心态去处理客户的抗拒，会站在客户的立场上解决客户的抗拒，而不是站在自己的立场上为产品“争辩”。

最后，当销售员能够正视客户的情绪，并表示理解和认同时，会极大地缓和与客户之间的关系，让接下来的交流在一种和谐的氛围下展开。

在现实销售中，销售员需要做好以下工作，在客户抗拒时表现出理解与认可，能更好地解决销售难题。

（1）耐心听客户把话说完

销售员对客户抗拒表示理解和认同时，首先在态度上需要树立理解和认同。如果销售员的理解和认同是伪装的，那么很容易从态度上泄露出来。

举个例子来说，销售员虽然口头上表示“我理解您”，但是态度依旧是高高在上、事不关己，那么销售员这时的理解和认同对客户来说还是没有任何价值的。

其次，销售员要耐心地听客户把话说完，理解客户的情绪，认同客户的心情。不少销售员一听到客户的负面评价，就立刻跳起脚来反驳。这种做法会陷入以下两个误区：

一是这是一种很不礼貌的行为。

二是销售员不能完全地了解真相，了解客户抗拒的前因后果，因此会错失重要的、关键的信息。

（2）重视语言的力量

销售员要积极地借用语言来向客户表现出自己的理解与认同，注意语气、表情等细节，要尽可能地向客户展现真诚，表达出自己的善意。

例如，销售员说："我觉得您刚才讲到的那个点特别好……""我非常理解您的心情……""特别感谢您刚刚的建议和看法，我觉得非常有用，我会积极地向我的领导反映一下……""我知道您没有恶意……""我知道您也是为了我们着想……"等。

最大化地美化客户的抗拒，对客户的抗拒表示理解和认同，正面去思考客户的意见和建议，缓和彼此之间的关系。

（3）换位思考

销售员之所以对客户的抗拒表现出极大的情绪，一部分原因是销售员只顾着自己的利益，并没有充分认识到自己的产品是否存在客户所说的问题，会不会给客户带来困扰。因此，销售员需要换位思考以下几个问题：

一是如果产品真的存在质量等各方面的问题，自己还一味地否定客户的话语，这样合理吗？

二是如果自己是客户，将要购买的产品出现问题，自己还会心平气和吗？

三是如果自己的抗拒遭到销售员的反驳，自己能够被说服吗？

四是你能够心平气和地认同销售员给予你的一套说辞吗。

对客户的抗拒表现出理解和认同，很关键的一点是销售员要换位思考，站在客户的角度想象自己想让销售员如何对待。如果对方用我对他的态度来对待我，我又会产生什么样的情绪等。

除去一些非客观性的客户评价，其实客户大部分的抗拒都是当下的真实反应。如果销售员能够真正地换位思考，就能够理解并认同客户的抗拒。如果客户的抗拒不是不正当的要求，销售员就要报以极大的耐心；退一万步说，即便客户的抗拒是不合理的，销售员也不能针锋相对，无视客户的心情。

例如，客户抗拒说："我现在没有时间。"

销售员下意识地反应："怎么就没有时间呢，我也耽误不了您多少时间啊。"

即便客户的拒绝是借口，销售员也要表现出极大的理解，并尝试相信客户是真的很忙，而自己确实打扰到客户的工作或接下来要办的事情了。

"很抱歉，冒昧地就问了您，而没有注意到您的时间。如果可以的话，我们能约下您方便的时间吗……"

在一段销售关系中，销售员如果能够将心比心，推己及人，则更容易对客户心生理解，会真诚地帮助客户而不是糊弄客户。如果你糊弄客户，结果也会糊弄你。

4. 作出承诺，而不是一味解释

销售员在面对客户的抗拒时，往往沉溺于解释，跟客户解释各方面原因，但结果只会越解释越乱，越解释问题越多，甚至起了争执。这些都是错误的做法。

教练式销售员在面对客户的抗拒时，会积极地作出承诺，而不是一味解释。因为他能站在客户的立场感同身受，知道客户最想要什么。

原因在于，很多时候客户希望通过自己的抗拒，如疑问、质疑、决绝等引起销售员的重视，他对产品的建议和意见都是基于想要销售员给予他一个承诺。

承诺是在解决问题或提供新的方法。而解释并不能解决实质问题，甚至会转移焦点和初衷，这不是客户希望看到的。

在现实销售中，作出承诺远比一味解释更有力度，有助于问题的解决，也能高效地化解客户的抗拒。具体来说，销售员要做好以下工作：

（1）尽可能给对方方便

销售员在面对客户抗拒时，要建立积极帮助客户解决问题的想法去看待客户的抗拒，并尽最大可能给客户方便，而不是一味解释自己的难处。

销售员要给客户提出一个折中的解决方案，既能够兼顾客户的利益，又不至于让自己的利益受损，还能让客户见谅。

举个例子，客户在购买一件产品时，说："我发现您家的产品要比别人家的同类产品贵上整整 100 块钱。"

销售员说："其实对这款产品来说，真正的价格是购买价加使用费和维修费。我们的价格确实比对方高出了 100 块，但我们的产品提供了 5 年的保修期，对方是 3 年，而且我们是上门服务的。如果您有意向购买，如果购买得多，我马上去帮您申请折扣，您觉得怎么样？（作出承诺）"

销售员的这种处理方法比较妥善，既回答了客户的疑问，做出一定程度的解释；又积极寻找方案，作出承诺，解决客户真正的意图。

（2）说出客户想听的

在销售场景中，往往会出现这样的场面，销售员跟客户极力解释，客户却说了一句“别跟我说这些，我不想听”“我不想听这些……”等。

确实，高效处理客户抗拒的方式是，既不是被客户的思维带着走，又不是只顾自己的立场和感受，只说自己想说的内容，而不说对方想听的内容。

例如，客户觉得产品太贵，销售员解释道：“这款产品里面很多成分都取材于名贵药材，都是手工制成的，而且对人体没有伤害。另外，您看它的包装，很高端大气上档次……”

首先，销售员在解释时会无形中跟着客户的思维，一味地解释产品定价高的合理性，而这些都是客户不想听的内容。

其次，即便客户承认产品确实有价值，但客户内心还是希望能有折扣。这时，销售员需要说出客户想听的，如“产品现在在活动期……”“加入会员会享有一定的折扣”等，为客户的利益着想，并作出承诺。

因此，销售员要学会站在客户的立场上，把自己当成客户，想象如果自己说出这句话希望获得对方什么样的回应。要的绝对不是解释。

解释只是让这一行为具有合理性，但并不足以说服客户内心。而一旦销售员说出口或者给客户提出了一个更好的解决办法，无异于给客户做了一个承诺。那么，销售员就需要遵守自己所说的，承诺给客户想要的东西。

（3）承诺能满足的

销售员在给予客户承诺时，很重要的一点是承诺是能够满足的。如果销售员给出的承诺超出了自己能够承受的范围而“硬撑面子”，只会将情况引入另一个极端，即欺骗客户。

退一万步说，如果销售员不能明确自己是否能兑现承诺，那么宁可在这次销售活动中失败而归，也不能为了成交空许承诺而失去信誉。

例如，销售员承诺送给客户一个优惠大礼包，但是等到兑现的时候却发现，优惠大礼包已经送完了或者过了截止日期。

这时销售员要如实向客户说明情况，并寻求补救措施，“真的很不好意思，我们这款产品购买人数太多了，所以大礼包都赠送完了。如果可以的话，我们这边给予您会员优惠，可以吗？”给予的承诺要想方设法地满足客户，这关乎到信誉。

如果销售员无法百分之百保证能够满足客户的要求，就不要轻易作出承诺。承诺一定是销售员能够满足的，即便中间出现一些波折。

例如，销售员对客户说：“您刚才说希望我们能够在您的产品上做一些图案。您也看到了，我们这边订单很多，但我们一定会在 5 天之内给您完成。”向客户说明实际情况，并尽可能地给予客户承诺，让客户感受到你的重视。

（4）说到做到，并表现出自信

当销售员对客户作出承诺时，要说到做到，并表现出自信。如果销售员在承诺时态度迟疑或不坚定，会给客户很不可靠的感觉。客户也会觉得销售员似乎并没有能力或百分之百地兑现承诺，因此会对销售员给出的承诺心存疑惑，并不能充分信服。

销售员在承诺客户时，需要情绪高昂，面带笑容；而不是情绪低落，满脸不情愿。自信的笑容会让客户感到放心，并相信你肯定会兑现承诺，有助于销售良好进行。

销售员一旦许诺，就一定要说到做到。如果许下的只是空头支票，或者是权宜之计，只会更激化双方间的矛盾，让客户的抗拒表现得更为彻底，甚至将销售员的个人失信牵引到产品本身，认为产品也是低质量的。

例如，销售员原本就承诺客户1小时内会解决问题，但是2个小时过去了，问题依旧没能得到及时的反馈。

这时客户的抗拒已经到达愤怒的最高值，无论问题最终是否得到解决已经不重要了，销售员及产品和其所在的公司已经进入了客户心中的“黑名单”。

5. 分解抗拒，一个一个地解决

销售员在面对客户抗拒时，就如一团死结的绳索，如果销售员这时和客户使劲掰扯，只会让死结越来越紧，困境变得更加艰难。

教练式销售员会分解客户的抗拒，就像解开一团乱的绳索一样，一个一个地解决，才能将死结彻底解开。

举个简单的例子，就像一个人需要做一盘他从来没有做过的红烧肉，他没有任何头绪，无从下手。而要完成这一盘菜，他需要准备好五花肉和各种佐料，是先切肉还是先烧好油锅，是先放佐料还是先放肉等，都需要要一步步分解，才能有条不紊地做好一盘红烧肉。

在销售中同样如此，销售员也需要学会分解抗拒，一个一个地解决问题，才能呈现出最佳效果。

举个例子。销售员向客户推荐一款保健品，客户因为对产品不熟悉而拒绝购买。销售员要按照以下步骤，一步步化解抗拒。

首先，销售员询问：“阿姨，您因为之前没有使用过这款产品而拒绝购买，究竟是什么原因呢？是担心浪费钱？还是担心对自己的身体有害？”

客户回答说：“怕浪费钱是一方面，主要还是怕对身体有害。”

销售员说：“您曾经因此受到过什么伤害吗？”

客户思忖，回答：“还真被您说中了。我之前买过一款保健品，后来发现是假的。”

销售员接着询问：“您是在正规大药店购买的吗？”

客户回答：“不是，是上门推销的。”

销售员：“原来是这样。阿姨，购买保健类产品还是要到正规的药店购买。您看我刚才给您推荐的产品，就是正规产品。”

销售员接着说：“阿姨，其实服用保健类产品，还有一个很重要的原因，就是避免将来出现身体疼痛问题，要及早预防，是吗？”

客户觉得这话也有道理，点头称是。

销售员：“这是降血压、血脂的药。如果不及早进行调理，会有脑中风、心梗甚至猝死的危险。”

客户信念明显动摇了。

销售员：“阿姨您刚才是说怕对身体有伤害是吧？阿姨您也看到了，我们的药店是正规的名牌药店，我们哪里敢进假货。退一万步讲，即便我们这不是大药店，那坑人良心的事情，我们也不敢干啊！”

客户表示赞同：“嗯，赚钱要凭良心啊！”

销售员说：“阿姨，这款降血压的药对身体很好，很多阿姨叔叔都来我们这个药店买过，很多还是回头客呢。您别怕，我们的店就在这里，要是您怕买到假药，您到时可以来找我们呀！”

客户笑了：“这款降压药怎么卖啊？”

销售员接着说：“这款降压药，如果买两份，会打9折。您要不要给叔叔也买一瓶……”

客户：“那就来两瓶吧……”

首先，它能够帮助销售员理顺思路，寻找问题的突破口，找到问题的核心。

其次，还能帮助销售员将看起来难以解决的问题化为一个个小问题，降低解决难度。

最后，也会让销售员更有信心地去解决困难，就像庖丁解牛一样，更好地抓住关键脉络。

那么，在现实销售中，销售员如何做到分解抗拒呢?

（1）确定自己想要达成的目标

分解客户的抗拒，首先要明白客户的抗拒是什么。只有明白客户抗拒什么，销售员才能确定自己想达成什么样的目标、想要达成怎样的效果。这样在分解时才更有方向。

举个简单的例子，销售员在向客户销售时，客户态度犹豫不决，一方面很喜欢这个产品，另一方面又觉得这个产品价格过高，超出自己的预期。

这时候销售员需要明确自己的目标，就是帮助客户加速做出决定。接下来的行为话语都是围绕这一目标展开的，销售员需要知道客户的抗拒点，而不要顾左右而言他，无视客户的心理感受和关键点。

也就是说，客户觉得产品价格贵，但销售员用解决产品质量低的方式来解决客户的疑问，自然“牛头不对马嘴”，达不到效果。

（2）分解成小目标

销售员在化解客户抗拒时，需要把一个大目标分解成一个个小目标，一是便于查看自己完成的进度；二是了解自己的任务达成率。

例如，销售员想要化解客户犹豫，帮助客户加速做出决定的大目标，这时销售员需要分解出若干个小目标。

第一个目标是与客户建立真诚亲和的关系，使双方在一个轻松平和的氛围下解决问题；

第二个目标是了解客户真实的想法；

第三个目标是给客户制定出能够化解抗拒的方式方法；

第四个目标是询问客户的意见。

如果客户对此没有意见，那么这个分解抗拒就成功了。销售员需要将大目标化解为一个个小目标，然后一个个解决，有的放矢地进行下去，才能做到最佳。

（3）推导行为

销售员在分解抗拒时，第三步就是要推导行为，即化解目标之后，自己如何行动才能达到目标。具体来说，销售员需要做好充足的准备。就如上面讲到的客户犹豫不决时，销售员如何分解客户的抗拒呢？

一是建立亲和的关系，销售员在面对客户的抗拒时，不要和客户起争执，争论谁对谁错都是得不偿失的行为；

二是销售员需要真诚地了解客户真实的意图，如“我可以了解一下您在顾虑什么吗”“您现在对这款产品有什么疑问吗”等，尊重客户的感受和想法，而不是过度揣测客户的用意。

如果客户告诉你：“这款产品其实我还挺喜欢的，就是觉得价格有些高了。”

这时销售员说：“我能问一下，您说的价格高具体是指什么吗？”再一步步化解抗拒。

三是承认客户反对的理由。例如，客户觉得价格贵，但是销售员说“价格便宜”就会招致客户反感。

正确的说法是“价格确实不算便宜，但是这质量也真的没话说。您越是犹豫，其实越证明这款产品对您的重要性和价值高。您说是不是？”

四是销售员需要列出适当的理由来软化客户的抗拒。

销售员要尽可能地向客户例证，例如，销售员告诉客户：我们的产品卖的是品质，这个产品回头率特别高；或者使用专家看法、行内评价等增加产品的价值。

6. 有效应对不同抗拒的口才技巧

“一家话对百家言”，其实是种不聪明的做法。同样，客户的抗拒也各有不同，不同类型的客户在抗拒时也会有不同的表现形式。

聪明的销售员在面对不同抗拒时，会展现不同的口才技巧来化解客户的抗拒。接下来会介绍几种典型的客户抗拒话语，销售员要有针对性地采取不同的口才技巧予以说服。

具体来说，销售员在说服客户时，需要遵循以下几个方针：

一是需要礼貌周到，让客户感受到你的真诚；

二是销售员要站在客户的角度思考问题，而不是对自己的产品和行为做出过多的解释；

三是要给客户提供具体的解决方案，要兼顾客户的利益，照顾好客户的心情和情绪，尊重客户，双方之间建立平等的态度。

（1）当客户说“我还需要考虑一下”

当客户说“我还需要考虑一下”表示自己的抗拒时，销售员需要学会“声东击西”，主动出击，询问客户：“您是对这款产品有什么不满吗”或“您是不是觉得我的解说不够专业，没有解决您心中的问题呢”等，引导客户说出真正的答案。

如果这时客户说出原因，例如需要和家人商量一下。销售员接着说：

“我刚刚还有些自责，我看得出来您很喜欢这个产品，我还担心是我说得不好而影响了您，才不想买呢。原来您是想跟妻子商量一下啊，真的是又体贴又尊重对方。不过我想给您一点小小的建议，我看出来这礼物是给您妻子买的，如果用惊喜的方式去送，会不会更好呢？（既称赞了对方，又婉转地回绝了客户询问的机会）”

（2）当客户说“产品太贵了”

当客户说“产品太贵了”时，销售员首先需要让客户明白，产品值不值这个价格。

销售员：“李先生，您说产品贵，具体是指什么呢？”

客户说：“你们这款产品别家也有，我看价格比您这边要低上不少呢。”

销售员化解：“李先生，从表面上看，我们的产品确实比别家要贵上50元，这一点我也是了解的。同时我想跟您说明一个情况，我们这款产品后续维修费用是很低的，维修一次的费用比别家要低不少，我们就高了这一次，但是后续维护给了极大的优惠。长痛不如短痛，每次让您‘痛’，我们也不舍得啊。”

如果客户说“产品贵”是因为自己舍不得，这时销售员要说“如果按照十年期计算的话，一天还不到10元钱。但是却能让您享受到一个高品质的生活，是不是物有所值呢”等予以化解。

（3）当客户说“您再降点价，我就买了”

当客户说：“您再降点价，我就买了”时，销售员不要说“再降价我们都要亏本啦”“这个我说了不算”等，因为这样只会僵化局面，引得客户内心不悦。

相反，销售员要体谅客户想要“占便宜”的心理，满脸笑容地回答说：“我看出您是非常喜欢这件产品的，同时又有点担心自己是不是买得不值。您看我们这个产品的销量非常好，肯定不存在质量问题，您大可放心买。

关键是我们这边还给您提供维修服务，这个是产品价值之外的，能够上门维修……”

销售员巧妙地转移客户的注意力，不把客户的注意力定义在降价上，而是引导客户关注产品的附加值。

（4）当客户说“我现在没时间”

当客户以“我现在没时间”为由表示抗拒时，销售员第一时间不要去质疑客户话语的真实性，也不要贸然地跟客户说“我耽误不了您两分钟的”“我说一下就行了”，这难以有效地解决客户的抗拒。即便客户听了，也不会往心里去，反而觉得销售员“胡搅蛮缠”。

聪明的销售员会立马检查自己的问题：“先生，真的很不好意思，看我莽莽撞撞的，不知道您现在是不是正在忙就打扰了。”销售员态度要不卑不亢，话语要真诚。

一般来说，销售员的这种有礼貌、真诚的举动会赢得客户的好感，客户会表示没关系。

这时销售要乘胜追击：“这个产品非常适合您，所以我刚才才会那么‘激动’地叫住您。您如果今天没时间的话，我可以找个时间再来拜访您……”“如果您觉得自己并没有强烈购买的想法，您也可以先了解一下情况，下次等您想要购买了，也有些经验……”等。

销售员需要站在客户的角度为客户着想，让客户没有抗拒的理由和机会，同时也不会让客户心生恼怒。

（5）当客户说“你们的产品比 ×× 的要好吗”

客户常常有“货比三家”的心理，希望能够买到最物美价廉的产品。

销售员在面对客户这一疑问时，千万不要通过贬低他人的产品来抬高自己的产品，这是一种非常不明智的行为。

相反，销售员要夸赞对方产品：“一看您就是行家，×× 的产品非常好，他们产品的优点，我们的产品也都具备。关键还有很重要的一点是，我们的产品特别适合您，您刚才说到您的皮肤偏混合性，而 ×× 产品主打的是干性肌肤。虽然两款产品都能改善肌肤、提亮肤色、淡化色斑，但我们这款产品更符合您呢……”

销售员要明确地告知客户别家产品的优点，我们这款产品同样也具备。同时，还具备别家产品不具备的优点，以此化解客户的抗拒。

（6）当客户说“我需要时再和您联系吧”

当客户说“我需要时再和您联系吧”时，销售员需要机智地说：“非常感谢您的信任，其实应该是我要更主动一些呢。如果今天您有时间，我就给您讲讲吧，我怕到时候我运气爆棚，等您找我的时候，我忙着和别的客户交谈呢。择日不如撞日，如果您哪里有需要我解释的地方，我定当尽我所能”“我联系您是我的责任和义务，而您联系我，就是我的失职啦……”等化解客户的抗拒。

第8章
巧妙回应：得到成交承诺

教练式销售员在向客户销售时，会建立觉察系统，捕捉客户的成交信号。善用成交法则的销售员，往往事半功倍，业绩斐然。

1. 建立觉察系统，捕捉客户的成交信号

在现实销售中，销售员往往会忽视客户的成交信号，错失成交机会。但在教练式销售中，销售员会建立觉察系统，捕捉客户的成交信号，就能很快促成交易。

成交信号是指销售员向客户推销的过程中，客户通过语言、动作、表情、眼神等显露出决定购买产品的信息。

销售员在销售的过程中，需要将注意力建立在觉察客户上，而不要过多地将焦点放在产品上。同时，销售员在捕捉到客户的成交信号之后，还需要对这种信号进行确认、肯定，积极配合客户的反应，通过自己的反应向客户证明他的选择是正确的。

具体来说，销售员可以通过以下四种方式来捕捉客户的成交信号。

（1）语言信号

客户的言语往往透露着很多想要成交的信号。在销售时，销售员要留心观察客户的言语，并做出积极的应和，与客户保持在同一频道。

一般来说，客户语言成交信号有以下几种：

一是当客户毫不掩饰地表示出对产品的喜爱，如“这产品真的很好，样式设计都蛮有意思，我挺喜欢的”“这也太好看了吧”等，表明客户对该产品很满意。

二是当客户询问身边人的意见，如“你觉得我穿这件衣服怎么样，颜色适合我吗”“这件衣服的款式适不适合我”等。在一定程度上已经表明

了客户认可（打算购买）这款产品了，这时需要身边人的看法帮助自己加速做出决定，印证自己的想法。

三是客户询问产品的细节问题。例如“这个产品用起来不会漏水吧”“这个地方容易划线吗”等，说明客户打算购买产品了，需要就细节之处进一步考量。如果销售员能够给出明确的答案，客户就会打消顾虑。

四是客户询问销售员售后服务，如“你们这个产品的售后服务是怎样的”等。售后服务是假使自己购买产品之后需要考虑的事情，当客户关心售后服务时，表明客户想购买产品的意向已经十分明确了。

五是客户再次确认问过的问题。如“我还想问一下，您确定这款产品用起来不会漏水吗”等，当客户再次询问或确定已经问过的问题时，销售员就要及时察觉到客户购买的决心。

总的来说，销售员要精准地捕捉到客户的语言信号，并积极做出反应，例如给出客户想要的答案或称赞客户的眼光和品位等，帮助客户解决问题，催促成交。

（2）动作信号

动作往往会流露出一个人的真实反应和感受，能够表现出更多的信息。销售员也要积极地从客户的动作上建立觉察系统，找到客户的成交信号。

具体来说，客户的动作成交信号有以下几种：

一是客户反复、仔细端详产品。当客户反复、全方位地查看产品时，说明十分喜爱这个产品，想全方位打量产品。

二是客户试穿产品后从各个角度看穿着效果。例如，客户试了一件衣服后，从正面、侧面、背面反复查看，而不是试穿后立即脱下。客户试穿得时间越久，成交信号就越强烈。

三是客户在浏览产品时，眼睛会紧盯着产品，并在销售员介绍产品时下意识地跟着点头等。

四是客户会靠近销售员，仔细聆听销售员的话语，动作自然而闲适，没有不耐烦的动作或表情等。

销售员在觉察到客户这些动作信号时，需要加大赞美产品及产品与客户契合的力度，催促客户购买产品，实现成交。

（3）表情信号

表情也能给销售员传递出客户的成交信号。销售员可以从客户的面部表情中，了解客户对产品的想法。

具体来说，客户的表情成交信号有以下几种：

一是眼神里有神采，盯着产品时感觉眼睛在放光。

二是客户抿着嘴巴对比两款产品，表示客户正在两款产品中做抉择，不知道选择哪款产品更好。

三是客户的脸颊放松，表情自然而平和，较有耐心地听销售员介绍产品信息。

四是客户眼睛转动很快，而不是没有精神、毫无感觉的模样。

五是客户的整体面部表情传递出来的是友好信息，而不是漠不关心或冷淡疏离。

销售员要积极地对客户的表情建立觉察，捕捉客户的成交信号，而不要一味地将注意力放在自己的产品和产品介绍上，错过客户的表情成交信号。

（4）眼神信号

眼神信号也包含在表情信号中，这里单列出来是想表明眼神信号的重要性。

销售员要关切客户眼神的变化，具体有以下几种：

一是客户的眼神从飘忽变得坚定，说明客户对这件产品有购买意向。这时销售员不要再给客户介绍其他产品了，以免转移客户注意力，而要加大对客户看中的产品的宣传力度，从产品的款式、设计、匹配度、折扣等方面说服客户，加速客户做出决定。

二是客户的眼神从无精打采变得神采奕奕，销售员也要觉察并捕捉到此信号。

三是客户的瞳孔变大，说明客户对销售员刚才所说的内容很感兴趣，甚至有惊喜的感觉。销售员要对客户感兴趣的点再度介绍，并向客户确认。

四是客户的眼神和销售员的眼神不时地接触，并传递出善意。说明客户对你的介绍很感兴趣，并通过眼神接触表现自己的重视，表明自己正在聆听你的话语等。

销售员需要用信号交换信号，当客户表现出自己对产品的喜爱之后，销售员也需要真诚友好地肯定客户这些信号，促成销售。

2. 正面回应：去掉客户的第一思维

在现实销售中，当客户面对一件产品时，尤其是他没用过的产品，因为对未知的恐惧，客户会产生抗拒、怀疑等戒备心理。

举个简单的例子，销售员在向客户介绍一款化妆品。

客户说："我从来没有听过这个牌子/我从来没有用过这款化妆品，这会不会对皮肤有什么危害啊？它有什么副作用吗？"这就是常见的客户的第一思维。

第一思维是指客户对一件产品的第一反应，在自然的、不受牵引的状态下，对一个事物最直接、最直观的想法，这种思维并不是刻意修饰和用心设计的，它是本质的、发自内心的。

客户的第一思维多半是负面的、消极的，主要是因为和销售员的尴尬关系：不熟识、第一次见面、彼此之间很陌生，这些都会让客户的第一思维变得消极而负面。

其实，客户的第一思维是一种常见现象，所以销售员在面对客户第一思维时，要稳定心态，做好正面回应。如果能够去掉客户的第一思维，那么在接下来的销售过程中，就能够促进双方之间的关系。

而教练式销售员会在销售之初就能精准地意会到自己与客户之间的关系，从而在销售过程中，对客户的第一思维进行正面回应，给予客户自信感和信任感，从而建立起友好的销售关系，促成销售，实现成交。

正面回应其实是给客户吃一颗定心丸，让客户能够放心地购买产品，而不是让不安心因素占据客户的内心。

例如，客户说："我看这价钱不算贵，是不是质量也跟不上啊？"

销售员要去掉客户这一思维，正面回应道："我们这款产品，因为材料都是我们自己生产的，所以成本会比从厂家那里拿低一些。质量您可以看看，都是很新鲜的材料，而且我们这款产品卖得很好，主要走量。"

销售员要正面回应，清楚明了、直截了当地回答问题，而不是遮遮掩掩、顾左右而言他，反而招致客户的疑惑。具体来说，销售员可以做好以下工作：

（1）即时回应，消除客户疑问

销售员在面对客户的质疑和疑问、抗拒时，要即时回应。回应得越晚，越会加重客户的疑惑。具体来说，销售员在即时回应时，要做好三方面工作：

一是确认客户的疑惑，以免自己错会了客户的意思。同时，这一行为既表现出对客户的重视，又表现出销售员内心坦荡，敢于正视问题的勇气和信心，会在无形中减低客户的一些担忧。

二是针对客户的疑问，能够流畅、平和、自然地做出解答，不要陷入慌乱，平和地解答客户的疑问。说出客户想听到的内容，而不是自己想说的内容。

三是销售员在回应时要表现出自信。自信感更能令客户信服，相信你的解答是真实可靠的。正面回应要做到即时回应，在第一时间就消除客户的疑问，不拐弯抹角，反而能够积极地去掉客户的第一思维。

（2）坦诚相告，直截了当

销售员在面对客户的第一思维时，需要建立坦诚相告、直截了当的态度，即正面回答。

首先，当客户提出质疑时，销售员只管回答问题就好，不需要直接否定客户的答案。

举个例子，客户说：“我觉得你们这个产品看起来怪怪的，不会有什么副作用吧？”销售员不要否定客户的想法，说出“怎么可能呢”“您怎么会这么想”“您的想法是错误的”等语言。因为客户自有他的考虑，正面回应不代表你需要否定对方负面的观点。

其次，销售员在回应的时候，要有针对性地解决客户的疑问。如果客户此刻内心有问题，而销售员转移话语，只会使客户内心更加迷惑，觉得自己说中了对方的心思。

例如，客户说：“我看这个产品看起来不怎么牢固，不会用着用着就坏了吧。”销售员要正面回应道：“这款产品的材质是定制的，特点就是轻薄，但是承受压力能力强，您用手撑撑看，它的耐力很好的。”而不是跟客户讨论产品颜色。

（3）直指利益，趋利避害

客户在购买一件产品时，尤其是之前没使用的产品，都会有一定的担忧。销售员要理解客户的这种心理，并明确告知客户在使用该产品后的效果呈现，建立憧憬，让客户有冲动购买产品。销售员要根据客户的实际情况，直指产品利益，给予客户足够的安全感，并产生购买的欲望。

例如，客户询问销售员："你们这款化妆品在使用之后，会不会对皮肤有伤害啊，会不会过敏啊？"

销售员要正面回应道："我们这款产品的主打人群是年轻客户，适合混合型肌肤。刚才我们这边也帮您做了一个测试，您的肌肤就是属于混合型肌肤。同时，产品成分都是天然植物萃取的，质地也很温和，吸收很快，能够长效保湿。使用一个月后，能够极大地提亮肤色，嫩白肌肤。"

销售员在这段回应中，首先正面回答了客户的疑问；其次直指利益，明确告知客户不但他担心的问题不会发生，而且这个产品还能给他带来很多好处。

（4）做出承诺，彻底安心

客户的第一思维往往根深蒂固，难以消除。虽然销售员的解答会消减客户的戒备、抗拒心理，但是因为双方是利益关系，所以客户不会百分之百信服销售员的回应。

常见的情境是客户会再三跟销售员确认自己担心的因素，如"你们的产品真的不会出现我刚才说的那种情况吗""真的吗……"等。基于此原因，销售员在回复客户的时候，还需要做出承诺，让客户安心。

例如，销售员回应客户："真的，您可以再测试一下。""我们的售后保修服务真的是三年，您可以看看我们的保修卡事项。我们家这款产品卖得很好，给大家提供的都是一样的服务呢。"

3. 改善回应：引导思考，并征求意见

在现实销售中，存在以下现象：

一是客户打算购买一款产品，其实并没有明确的目标，只是通过浏览来寻找自己可能想要的答案。而一般销售员在面对这类客户时，会给客户一系列推荐，反而让客户越来越困惑。

二是销售员喜欢给客户过多的意见和建议，帮客户做出决定，甚至否定客户的想法。例如，客户想要购买一款物美价廉的产品，而销售员总是给客户推荐价格高昂的产品。

销售员在回应客户的疑问时，过于武断，以自己的思考为主，给予客户指令，而不是征询客户的想法。

而教练式销售员则会改善回应，引导思考，并征求客户意见。

举个简单的例子，客户告诉销售员自己想要购买一份有心意的生日礼物。

销售员询问客户："是送给朋友还是家人呢？"

客户回答说："是送给我的一个女同学。"

销售员接着引导客户思考："那她平时有什么特别喜欢的吗？"

客户想了想："她好像蛮喜欢记录的，平时也喜欢看书。"

销售员在了解这一情况之后，"您刚才说她喜欢记录，我们这里刚好来了一批手账日记，精美文艺，您要看看吗？这边还有很多文创产品，感

觉蛮符合您朋友的气质。您觉得呢？”

在这段对话中，首先销售员不断引导客户做出思考，从礼物的对象、同学的爱好入手给客户推荐产品；

其次，销售员在引导思考之后，征求了客户的意见，而不是强制地把自己的想法凌驾于客户之上。让客户自己做出选择，更具有信服力。

具体来说，销售员在销售中要想改善自己的回应，使自己的回应既能引导客户思考，又能征求客户意见，要做好以下工作：

（1）站在客户的角度去回应

销售员想要改善回应的第一条，就要站在客户的角度去帮助客户解决问题，而不是只想着如何让自己的产品销售出去。销售员如果站在自己的立场上，往往倾向于不顾客户的意愿给出自己的意见，可能这些销售员自己都察觉不到，并对此习以为常。

相反，如果销售员能够站在客户的角度思考问题，此时建立的是一种帮助客户解决问题的心态。销售员在给出自己的回应时更多的是照顾客户的感受，会积极地询问客户内心真实的想法，并以此为准，如“这样……是不是更好一点呢”“您更喜欢哪种呢”“您最喜欢……”，而不是“我认为……”“我觉得……”等。诚心地为客户谋利益，积极地了解客户的想法，解决客户的问题。

（2）知道你的客户需要什么

销售员在向客户销售时，很重要的一点就是知道客户需要什么。不少客户其实并不清楚自己到底想要什么。这就需要销售员做好引导工作，引导客户思考，无形中会让客户知道自己想要什么。销售员可以从客户的抱怨、痛点、烦恼中得知客户需要什么。

就像本节开头“客户为朋友购买生日礼物”的案例，销售员就是根据客户的诉求一步步引导客户思考，不断地做出选择，缩减范围，进而能够寻找到更好的解决方式。聪明的销售员会很有技巧地回应客户，会从客户的回答中找出蛛丝马迹，并组成有用信息。他能通过一步步引导知道客户需要什么，从而给出客户内心的答案，而不是给出自己的答案。

（3）回应要委婉，具有建议性

改善回应还有很重要的一点，就是要委婉和具有建议性。

在销售中，很常见的一种现象是：客户在试穿或试用一件产品时，询问销售员的建议或者是销售员会自顾自地给出自己的回应，往往评价“挺好的”“挺好看的”“这件衣服挺适合你的”等，这些回应没有说服性。

销售员在客户试穿后，不仅要说出“适合客户”等话语，还要具体说明“好在哪里”。笼统的说服是没有说服力的。销售员需要这样回应：“这件衣服很适合您，能够衬托出您的气质。关键是这颜色，真的太适合您了，整个人看上去很有神采呢！”

除此之外，销售员的回应要委婉，有时销售员在回应客户时，确实要为了客户着想。

例如，客户看上的那件衣服颜色、长度都不太适合客户，这时销售员真实地回应道：“这件衣服，您穿起来还挺好的。”但表情泄露了销售员的尴尬。

销售员需要改善自己的回应，表述委婉：“小姐您好，看您刚才试穿的那件衣服，我大概知道您喜欢什么类型的服饰啦！刚好我们这里来了一批新货，有个颜色更适合您，要我拿来给您看一下吗？”

在这段回应中，首先销售员还是站在了客户的立场上，选取的衣服和客户试穿的是同款设计，既肯定了客户的喜好和品位，又让客户遵从自己的心意。

其次，销售员用了一个“更”字，有两层含义：

一是销售员无形中肯定了客户身上试穿的这件衣服也很不错，增强客户的自信心。

二是用“更”字说明销售员即将要拿过来的那件衣服在长度、颜色等方面，更能增添客户的风采。

三是销售员在委婉地给出自己的反馈之后，征询了客户的意见。如果客户需要就去拿新产品，相反，客户若是不需要，销售员也会尊重客户的选择。

4.“YES”成交法：让客户在肯定惯性中成交

在现实销售中，销售失败很多时候是由于客户并不认同或信服销售员的观点，在连续否认的情况下，销售员难以说服客户。而说服客户最好的方式则是让客户不断地说“是”。如果能够持续让客户肯定自己的话语，并在肯定中信任自己做出的决定，那么客户很容易在肯定惯性中成交。

在这里，就涉及一个著名法则，即“YES”成交法。“YES”成交法就是在向客户销售时，不断引导客户说“是”，让客户自己做出选择，那么即便销售员提出的问题不容易得到客户肯定的答案，客户也会在惯性思维的引导下给出肯定的答案，进而在肯定惯性中成交。

举个例子，销售员在向客户销售一款汽车，客户倾向于速度型汽车，而销售员销售的汽车是实用型。

这时销售员询问客户：“一款汽车速度确实很重要，但对于家用型汽车来说，节能省油也很重要，是吗？”

客户觉得这话也没错，点头答“是”。

销售员接着说：“我们这款汽车速度在160迈，对平常来说，这个速度已经很快了，尤其对我们的城市来说。是吗？”

客户仍然回答“是”。

销售员接着说：“为了一个不常有的速度功能，而去损耗节能省油，是不是有点可惜呢？”

客户回答：“是的，经您这么一分析，确实是这样的。车子还是家庭代步工具，节能省油确实蛮重要的，那我就要这款车子吧。”

在这段销售案例中，销售员不断引导客户做出“是”的选择，而这选择确实是经过客户自己权衡回答出来的，进而比销售员一味说服更具有说服力。

“YES”成交法会使客户在肯定惯性中成交，销售员在使用“YES”成交法时需要注意以下几点，以使成交更为稳定。

（1）一步步引导说“是”

销售员在使用“YES”成交法时，切忌急于求成。销售员需要一步步引导客户说“是”，让客户想清楚其中的利弊和逻辑之后，给出“是”的答案，更让客户信服自己的选择。

相反，销售员在提问时，没有逻辑，一个问题接着一个问题，只会让客户觉得莫名其妙，觉得销售员在忽悠自己。

首先，销售员要多提一些小问题，例如“你也觉得产品质量很重要，是吗”“产品实用性非常重要，是吗”“产品的品质非常重要，是吗”等，让客户不必在两者之间做出选择。

其次，在小问题之后，销售员则需要问出一些大问题，而大问题是指将销售员销售的产品和客户原本想要拥有或买卖的产品之间做出对比，引导客户说出有益于销售员销售产品的回答。

例如，客户想要购买一款性价比高的产品，而销售员销售的产品则是以高品质著称的，这时销售员提问："其实高品质产品也是性价比高的产品，是吗？"引导客户做出选择。

虽然这两款商品是有区别的，但是销售员这种提问方式也会让客户在惯性思维引导下给出"是"的回答，因为高品质产品意味着高质量，高质量意味着能够使用较长时间，因此产品的价格虽然高了一些，但是跟使用年限比起来，性价比也是很高的。

（2）建立紧密的逻辑性

客户对于销售员的销售，会有一套自己的购物逻辑。如果销售员希望通过无逻辑的对话来说服客户，无意识地引导客户说"是"，也是一件很困难的事情。销售员只有让自己的提问建立出一套紧密的逻辑，打破对方的购物逻辑体系，让客户跟着自己的思维走，才能冲破客户的购买初衷。

首先，销售员要说出一个能够让客户说"是"的结论。在"是"的结论引导下，接下来的销售话语也会充满说服力，能够引导客户说出"是"。

其次，销售员至少说出三个让客户持续说"是"的理由。

最后，根据不同的销售场景，让客户通过想象体验确认"是"。

举个例子，销售员向客户推荐一款化妆品。

销售员先要得出结论："化妆让人充满自信，光彩照人，是吧？"

事实确实如此，客户点头表示赞同："是的。"

接着，销售员说出"化妆让人充满自信，光彩照人"的原因。"化妆能够扬长避短，修饰面部的瑕疵和缺点，同时也放大面貌本身的美丽，是吧？"

客户："确实。"

销售员："化妆能够监督女生好好护肤。因为肤质差会增加上妆难度，降低化妆效果。女生为了获得更好的化妆效果而去保养肤质，之间会形成良好的循环，是吧？"

客户回答："是的。"

销售员："化妆会带来好气色，也会显得人更精神，气质也会神采飞扬，内心也比不化妆的时候要充满自信。而且化妆也是一种礼仪，面对好气色和美丽，人们也会更愿意与你亲近，你觉得呢？"

客户依旧回答："是的。"

最后，销售员要确认不同场景中，客户的心理体验和感受。

销售员询问："您想象一下，如果您去约会、见闺蜜或参加重要的聚会等，画上一个精致的妆容，是不是内心无比自信？这份自信会放大你的美，让你更光彩照人，这也是化妆品能够带来的但又超越化妆品本身的，是吧？"

此时，客户已经在肯定的惯性中成交了。

（3）发问真诚可信

销售员在引导客户说"是"的时候，很重要的一点就是让自己的发问真实可信。有时候客户会对销售员有防备心理，因为客户已经"看穿"了销售员的发问是为了销售产品。所以为了让客户甘愿跟着你引导的思维走，销售员就需要让自己的发问真实可信，发问要基于事实和客户存在的问题点，将客户的注意力从辨别销售员真伪上转移到事实上，让客户了解到关注自己的现实情况更为重要。

举个例子，销售员在向客户销售一款洗衣机，销售员介绍的是一款最近新研发的多功能洗衣机，比一般洗衣机有噪声小、费水量少、烘干强度大等特点，而客户原本打算购买一款普通洗衣机。

这时销售员在销售中不要一味地劝说甚至强制客户购买这款多功能但价格偏高的洗衣机，这样只会让客户觉得其中有猫腻。

销售员只需要从客户购买洗衣机的理由出发，家里原来所用的那款洗衣机不仅噪声大，而且费水。

销售员询问客户："您觉得洗衣机不费水也很重要，是吗？"

客户点头："确实，家里人多，经常要用到洗衣机。"销售员表示了解："您刚刚说到家里用的洗衣机甩干功能也较差，您想要购买一款甩干功能好的洗衣机，是吗？"

客户说："是的，尤其下雨天，洗点东西不容易干就很麻烦。"

销售员在发问时真诚地从客户反映的问题出发，当客户确认自己也需要这些原本没有考虑到的功能时，就会信服销售员的话语。然后销售员很自然地就将功能齐全的洗衣机介绍给客户。

5. 富兰克林成交法：让客户看清利弊

在现实销售中，客户在购买一件产品时，纠结点在于自己无法看清利弊，因此犹豫不决。一方面因为产品的好处而打算购买产品时，又想到了产品的坏处；另一方面打算放弃购买这件产品时，又对产品能给自己提供的利益而恋恋不舍。而富兰克林成交法则能够帮助客户看清利弊，对优缺点一目了然，快速做出决定。

富兰克林成交法是由美国著名的政治家富兰克林发明的，又称为理性分析成交法。它是鼓励客户同时去考虑事情的正反面，突出购买是正确选择的方法。销售员可以在客户面临购买犹豫时，在一张纸上将购买产品的优点写在左边，缺点写在右边，再逐步分析优缺点。

销售员有一个很重要的工作就是帮助客户记下产品优点，而产品缺点交给客户去写。这种成交方式碰到思维越理性的客户，效果就越好。因为这类客户经过对产品理性的分析，会充分信任自己做出的选择。

富兰克林成交法在成交中有着重要的作用，销售员如何使用好此法则，发挥出效用呢？

（1）画出“T”字区

销售员在使用富兰克林成交法时，第一步就是要在纸上画出“T”字区，隔出两栏。左边表示优点，右边表示缺点。销售员这时要帮助客户一起总结出产品的优点，如设计新颖、健康无污染、提高生活品质等；而对于产品缺点，销售员则需要让客户自己想象，销售员也可以和客户一起得出结论，但销售员这时不能引导客户说出更多的产品缺点。

很重要的一点就是销售员要控制产品的优点大于甚至远大于产品缺点。如果产品的优缺点旗鼓相当，甚至缺点大于优点，这个法则就失去了存在的意义。

（2）优势大于劣势

为了能够帮助促使成交，销售员在使用这个法则的过程中，优势要大于劣势。这就要求销售员和客户在一开始就要细数产品的优点。尤其销售员要尽可能多地想出产品优势，为了客观公正，更具有说服力，销售员也需要说出负面因素。而负面因素究竟为多少个，则需要依据正面因素来定。

举个例子，如果正面因素为 10 个，那么负面因素为 5 个也是没问题的；但正面因素为 6 个，那么负面因素还为 5 个的话，是不能为客户信服的。

因此，负面因素要学会在销售员手里和心中“适可而止”。如果列出的负面因素个数差不多了，销售员要及时帮助客户下定结论：“张先生，您看我们已经做出精确的产品分析了，在这T字区域一目了然，相信您刚刚已经做出了最精确的判断。”

举个销售例子。销售员在向客户推销一款养生产品时，询问：“张小姐，如果您没有什么异议的话，我就帮您把这产品包起来了。”

张小姐没有作声，没说要也没说不要。

销售员看出了客户的犹豫，接着问：“您是还有什么疑问吗？”

客户想了想说：“其实这款产品也不错，对人体确实蛮好的，使用起来也很方便，只是我还要考虑一下。”

销售员这时拿出了一张纸，并在纸上画出了一个T字区，左边写上了产品的优点，右边则写上了产品的缺点。

“那我们一起想想购买这款产品有什么优点吧。”

销售员一边说一边在纸的左边写下了优点：纯植物性、无添加剂和防腐剂、对身体大有好处、使用方便、促进血液循环、改善睡眠、美容、促进新陈代谢等；在右边缺点这栏写下：禁忌人群、水温要求、需要持续服用等。

写完后，销售员问客户：“您看看，可还有需要补充的？”客户看了看，点点头说：“基本就是这样了。”

销售员接着说：“您看看左边的优点和右边的缺点相比，有什么比美容养颜和给身体带来的好处更重要呢？”

客户想了想，确实是这样，自己在使用这款产品时虽然麻烦了一点，也需要长期使用，但是自己购买养生产品就是为了美容养颜，坚持用才有更好的效果，于是痛快地购买了此款产品。

销售员在使用富兰克林成交法时，首先，列出的产品优点要多于产品劣势，能够形成强烈的对比。

其次，产品的优点要有力度。就像案例中的女客户在购买养生产品时是基于美容养颜、调理身体的需要，当客户犹豫不决时，销售员则要抓住客户最在乎的利益来让客户看清利弊，从而做出有益于自己销售的选择。

（3）让优缺点一目了然

理智型客户的特点是，他明知道产品对自己有好处，但是受理智影响他又会想产品的劣势，无法下定决心。理智型客户不会冲动地做出决定，可如果销售员能够有理有据地说服客户，客户也会权衡利弊，做出选择。

销售员要做的就是尽可能地多列产品的优点少列缺点，让优缺点一目了然。优缺点都要存在，这样才更具有说服力。销售员也要承认缺点，优点才更具有价值。

同时，销售员在销售的时候，要突出优点而淡化缺点，且优点多于缺点，风险是客户一定能够承受的，自然能够打消客户疑虑，让客户快速做出决定。

6. 从众成交法：引起客户的购买欲望

人们在购买一种产品时，会有从众心理。一方面大家都购买的产品，往往能够引领一种时尚，自己购买同样产品能成为潮流中的一员；另一方面从众购买在一定程度上降低了产品的不安全因素。同时，从众购买还涉及社会心理现象，因为人们的衣食住行往往会受社会规范的制约，这也解释了产品为什么会有年龄层的区分。

从众成交法也叫作排队成交法，是指销售员利用了客户的从众心理，并引起客户的购买欲望，从而促使客户购买产品的一种成交方法。

从众成交法的客户群常常有以下特点：客户看中品牌、他人对产品的反应，而对于自我意识比较强并有自己的一套方法的客户来说，销售员使用从众成交法反而会引起客户的抵触心理，起反作用。

例如，销售员向一位客户销售一款护肤品，客户还很犹豫。

销售员说："这款产品在我们店里卖得最好，大家的反馈也都不错。这个牌子您也听过吧？这款产品性价比高，而且使用起来能够有效地达到长效保湿的效果。您看这产品代言人，一般的护肤产品可是请不来这位明星的……"

销售员要利用客户的从众心理向客户推销产品，引起客户的购买欲望，加速客户做出决定。

从众成交法也是销售员在销售中常使用的一种成交法，销售员在使用时，需要注意以下几点，以使成功概率更大：

（1）品牌造势

从众成交法一般多使用广告攻势，通过品牌的影响力来增强销售力度，为从众造势。牌子名气越大，认知度越高，从众成交法就越有效，销售员在销售过程中也会越简单。

说到品牌造势，苹果手机就是一个绝佳的例子。苹果手机每次一出新款，就广受大众欢迎。除了苹果手机的高功能和良好的设计之外，从众购买也是一个重要的社会因素。客户愿意购买苹果手机，是因为苹果手机经过多次的更新换代，产品质量没得说；除此之外，苹果手机虽然越来越普遍，可还是一种品位和身份的象征，引起客户的购买欲望。

品牌效应能够让销售员省下不少需要说服客户购买的话语，品牌、好评率、销售量等这些都是销售员用来说服客户购买的重要因素。好的品牌本身就是一种生产力，能够吸引客户源源不断地购买。

（2）意见领袖造势

制造从众购买效应的因素除了品牌外，销售员还可以使用意见领袖、明星等方式带动从众购买。利用明星和意见领袖的声望与影响力和号召，让客户自发信服，愿意购买。这也就是为什么现在产品都会找明星和知名人士代言，就是因为他们影响力大、知名度高、号召力强，他们的出现就代表着产品的品质，他们的拥护者也会“爱屋及乌”。

通常，意见领袖的地位越高，就越能激起客户的从众心理，吸引客户大量购买。销售员在向客户销售的时候，如果客户在此之前没接触过这款产品，只需要说：“这是 ×× 代言的，现在卖得特别好，在电视上也能经常看见他的广告。”

（3）“证据”造势

销售员在向客户介绍时，可以向客户展示一些证据，例如产品鉴定书、权威认证书、用户反馈信等，以增强客户的信任感，让客户提高购买的决心。

需要注意的一点是，这些证件必须是真实的，确实经过专业组织认证的，而不是虚假的，用来蒙骗客户的。这些实物文件是用来给客户增强信心的，尤其在销售一些专业性或者与人身体有直接关系（或对人身体产生影响）的产品时，销售员更需要通过权威认证来证明产品的可靠性，给客户带来安全感。

（4）有影响力的重要客户

销售员在向客户销售时，不仅可以一对一营销，还可以实现一对多营销。这就要求销售员先选择重要客户推销。当销售员成功说服重要客户购买产品时，无形中会获得更广大的客户群体。

因为重要客户往往销量大，也会带动更多客户一起购买。其实，从众购买消费的是人心，这时销售员的重点要放在客户身上，而不要过多地放在产品上。如果客户没能对你的话产生信服，无论产品多好，客户还是有防备心理的。

（5）使用巧妙的话术

在从众成交法中，销售员可以使用巧妙的话术来引导客户，这款产品销量大，很多人购买的特点。

例如“这款产品是我们店里的最后一款产品了……”（暗示客户购买的人很多，产品是紧俏产品）“这款产品今天没货了，您要真心喜欢，到时货来了，我给您留一件……”“这款产品，有位客户又（暗示之前购买过）来购买了……”“这款产品销量又破了一个纪录……”“现在电视上播的都是这个产品的广告……”等。

销售员通过巧妙的话语来暗示客户这款产品销量之大，购买人群之多，利用客户的从众心理，放心购买。

7. 惜失成交法：激发客户失去的痛苦

在现实销售中，人们在购买一件产品时，常常会受到“买不到了”这种忧虑心理冲击。因为人们似乎都有一个共性，即越得不到的，就越想得到。销售员要抓住人性中的弱点，并适时地“煽风点火”，激发客户失去的痛苦，从而催促客户购买。

销售对此有一个特别的称呼，即惜失成交法。此成交法就是利用客户“怕买不到了”的心理弱点，而促使客户快速做出购买决定。

具体来说，销售员可以从以下方面来激发客户失去的痛苦：

（1）限量

限制数量是销售员常常采用的方法，通过购买数量有限、提前订货等方式显示产品的稀缺性。一般来说，限量产品往往会以“物以稀为贵”的方式呈现；也在一定程度上满足了客户炫耀的心理，给予客户特别的满足，造成供不应求的现象。

限量销售一般的话术就是：“先生，您如果想要我们这双鞋子的话，您要提前预定……”“小姐，这是我们店里最后一双鞋子了……”“这是我们店里卖得最好的一款产品，这是新到的一批，也就剩下这几双了……”“这款产品被大量客户预定了，现在没预定的只有这几双了……”等。

明确让客户觉得如果现在不购买，下次不一定购买到或不一定什么时候再有这款产品了。在网络平台上也是如此，客户在购买产品时，会显示出库存量。库存量越低，客户购买的心理就越迫切，成交的可能性也就越大。限量销售是惜失成交法常用的手段之一，能够取得良好的效果。

（2）限时

限制时间成交法也是商家常用的营销方式之一。一般来说，商家都会以优惠活动的方式，即在指定时间才能享有优惠的方式。限时优惠一般抓住了客户想要获得优惠或者占便宜的心理，即“过了这村就没这店了”，所以会加速做出购买的决定。

限时成交一般的话术是：“我们这个产品的优惠活动截止到今天，明天我们就不优惠了”“从下个星期开始，我们会上调产品的价格。先生 / 小姐，您如果现在购买的话，会省下一笔可观的费用？”“今天是我们店的周年庆，所有的商品一律享有 5% 的优惠，先生您如果看上什么产品，都可以享此优惠”“您如果今天就下单的话，我们还会有礼品送，明天购买的就没有了……”等。

销售员通过限时优惠政策会让客户加速购买。一般限时优惠会让人们有一种“占了便宜”的感觉，即便这个“便宜”可占可不占。但只要有时间截止点，人们都不愿意错过。销售员要抓住客户这种心理，利用限时优惠来促使客户做出购买的决定。

（3）限价

限制价格也是销售员常常使用的销售方式之一，通常针对要涨价的产品。销售员在向客户销售时，明确告诉客户，这款产品现在正处于打折季或者此款产品要比原价低 5% 左右，以产品价格下降作为营销点，如果错过购买就不知道何时再降价了。

限价销售和限时优惠其实有些类似，但是限价优惠则是直接指向产品价格。通过产品价格下调，引起客户购买的决心。

在网络销售，客户会将自己看中的产品予以收藏，一旦店家这款产品降价时，会直接在收藏的页面显示出“比收藏时下降 ×× 元”，暗示客户“此时不买，更待何时”。限价优惠会给客户强烈的心理暗示，觉得此时是购买的最佳时机。

限价优惠一般的话术是：“先生，这系列产品我们正在打折，现在购买的话，享有 9 折优惠……”“小姐，我不知道这个价格明天是否还有效，因为这款产品是商家在做福利……”“这款产品现在的价格是最优惠的了，我们马上就要涨价了……”等，促使客户加速购买。

（4）限服务

限服务也是商家经常使用的促销方法之一,一般指指定的数量内会享有更好的服务。

举个简单的例子，销售员告诉客户，购买此款洗衣机的前一百名客户，会享有送货上门、免费安装的服务。如果客户确实很想要购买一款洗衣机，很容易就被这项服务吸引，从而加快自己成交的速度。通过限定服务来提升客户购买产品的价值，使客户愿意购买。

限服务销售一般的话术是：“先生，既然这款产品您迟早要买，还不如今天买了。因为从 15 号开始，这款产品的运费就需要由客户承担了……”“购买此款产品的前一百名，享有免费上门安装服务……”“现在购买这款护肤品，我们还免费送您脸部清洁服务……”等，让额外的服务打动客户想要购买的心。

惜失成交法抓住的就是客户“可惜失去”的心理，销售员在使用以上“限量、限时、限价、限服务”的方法时，一方面既要表现出产品的稀缺性，另一方面也要表现出优惠的不可获得性。如果客户觉得这个优惠是销售员随随便便给的，或者这样的优惠机会以后还有很多，客户也不会倍加珍惜。

因此，销售员要让客户有“过了这村就没这店了”“再想获得优惠就不知道要等到猴年马月”的心理，以此作为客户购买的推动力，从而实现成交。

同时，销售员在使用这个方法时，要强烈地激发客户失去的痛苦，让客户知道能够消除痛苦的唯一方式就是购买产品。

如果客户还是舍不得，销售员要进一步劝说客户：“您不是很喜欢这个产品吗？而且您现在真的遇上了好时机，这是这款产品的唯一一个了”“现在这款产品正在打折呢”“购买这款产品还有礼品相送”“这款产品享有 ×× 服务”等，总有一款会激起客户购买的决心。

8. 循循善诱成交法：帮助客户下定决心

在销售中，常常见到这样的现象，客户在面对一款产品时，往往无法下定购买的决心，立即购买的话，内心又心存顾虑；如果舍弃的话，又觉得很可惜。

这时，销售员要积极使用循循善诱成交法，帮助客户坚定购买决心。

循循善诱成交法适用于在购买产品之前会习惯性地拖延的客户，这时销售员要通过层层接近成交的方式，不断将客户引向成交的边缘；并通过发问了解客户拖延购买的深层次原因，如客户的顾虑。一旦销售员解决客户的疑问，成交也就成了水到渠成的事情。

销售员在使用循循善诱成交法时，要掌握好话术，一步一步穷尽客户的疑惑和问题，实现成交。销售员在使用这个法则时，需要注意以下几点。

（1）一步步消除客户疑惑

销售员在向客户销售产品时，客户有时没说要但也没说不要。一旦销售员催促客户做出决定，客户总是说“我再看看吧”“我再想想”。其实这些话语已经暗示了客户有不购买的可能。

这时销售员不能无限制地给予客户“思考”的时间，否则客户思考“过度”，或者购买爱好一经缓冲，就不再产生强烈的购买欲望了。

销售员在客户说“再想一想”时，可以配合客户说：“买东西确实要慎重一点。慎重一点才不会后悔，我现在能问一下您在顾虑什么吗？有什么想要知道的信息，我好有针对性地给您介绍……”

如果这时客户还是不理话茬，销售员要先抛出一个“错误”的答案，以引导客户给出正确的答案。

例如，销售员问：“您是对这款产品的颜色不满意吗？”

如果销售员没有“猜中”客户的心思，客户会下意识地给出自己的答案：“没有，颜色挺好看的，设计我也挺喜欢的，就是这款产品的材质，我摸起来不太舒服。”

接下来销售员要做好以下工作：

第一步要认同客户的感受：“确实，这款产品摸起来不是很丝滑”，认定客户的情绪并与客户站在一边，拉近与客户之间的距离。

第二步就是要分析产品的优势和利益，即这款产品摸起来不舒服但是能给客户带来很多好处，如摸起来虽然不舒服，但是能锻炼孩子的触觉能力；产品设计新颖、颜色大胆，当下时兴等，解除客户的疑虑，实现成交。

销售员要通过层层逼近，不断地减少客户思考的范围。疑虑都消除了，客户似乎也没有绝对充分的理由拒绝购买了。在这个案例中，销售员就是通过一步步发问来帮助客户坚定购买决心，从而实现购买。

（2）改变条件再发问

销售员在面对犹豫型客户时，用客户的回答作为问题，改变条件，再向客户发问，帮助客户下定决心。

举个简单的例子，销售员在向客户销售一款化妆品时，客户觉得产品价格有点高而迟迟下不了决心。

这时，销售员需要发问客户："如果我现在去向店长为您申请一点折扣，您会买吗？"

客户说："你们的产品也挺好的，就是这个颜色我不太喜欢，我喜欢蓝色的。"

销售员说："这款产品我们有六个颜色，其中就有蓝色。您要了是吗？"直接解决客户的问题，促进成交。

通常情况下，如果销售员迅速合理地解决客户给出的理由或借口，就算客户内心认为这不是促成自己不购买的唯一理由，也不好不购买产品。销售员在使用循循善诱成交法时，要善于"以己之矛攻己之盾"，让客户如果不答应就"自相矛盾"。

循循善诱成交法具有一定的紧迫性，销售员改变条件再发问时，一定要礼貌发问，不能让客户觉得你是在咄咄逼问，或者让客户感觉你是故意与他形成对抗，让他下不来台。

因此，销售员在发问时，要真诚友好，抱着帮助客户解决问题、为客户的利益而争取的心态和心情去发问，更容易消解对方的抗拒，实现成交。

（3）见招拆招

循循善诱成交法需要销售员能够灵活应用发问技巧，见招拆招，让客户无话可说。

例如，销售员去拜访客户，客户说："您带过来的资料就放在这里吧，有需要我会找你的。"

客户的这句话在一定程度上已经显示出自己对这个产品并不是十分感兴趣。

销售员见招拆招："给您介绍产品是我的义务，怎么能让您来找我呢？这些产品对您是有很多好处的，您早了解一天就少一天的损失。"

客户觉得销售员说得也没错，就翻了翻，接着提出自己的质疑："产品的报价是不是高了点？"

销售员说："这款产品是专门为您这样的精英人士定制的，材料用的都是最好的，而且是纯手工。"

客户点头，虚荣心得到了一定的满足，但是客户还是很犹豫，确实觉得价格有些高了。

销售员接着说："现在购买我们这款产品，我们会有精美的礼品相送。再者，您是我们的重要客户，我现在请示一下我们的老板，看能不能给您争取到额外的优惠。"

客户这时也表示等销售员打完电话再做决定。

销售员一般能够即时说出为客户争取优惠，都是有一定信心的。当销售员"费尽口舌"为客户争取到优惠之后，客户也不好再拒绝。销售员在使用循循善诱成交法，帮助客户坚定购买决心时，要抓住客户话语中的"漏洞"，见招拆招。